中国古典名著译注丛书

周易经传译注

李申　主撰

王博　王德有
郑万耕　廖名春　同撰

中华书局

图书在版编目(CIP)数据

周易经传译注/李申主撰. —北京:中华书局,2018.1
(2024.11 重印)
(中国古典名著译注丛书)
ISBN 978-7-101-12992-2

Ⅰ.周… Ⅱ.李… Ⅲ.①《周易》-译文②《周易》-注释
Ⅳ.B221

中国版本图书馆 CIP 数据核字(2017)第 303932 号

书　　名	周易经传译注
主　　撰	李　申
同　　撰	王　博　王德有　郑万耕　廖名春
丛 书 名	中国古典名著译注丛书
封面题签	任继愈
责任编辑	邹　旭
封面设计	许丽娟
责任印制	陈丽娜
出版发行	中华书局
	(北京市丰台区太平桥西里 38 号　100073)
	http://www.zhbc.com.cn
	E-mail:zhbc@zhbc.com.cn
印　　刷	大厂回族自治县彩虹印刷有限公司
版　　次	2018 年 1 月第 1 版
	2024 年 11 月第 5 次印刷
规　　格	开本/880×1230 毫米　1/32
	印张9¾　插页2　字数 232 千字
印　　数	14501—16000 册
国际书号	ISBN 978-7-101-12992-2
定　　价	40.00元

序

　　易学的根基，全在《周易》一书。古往今来对《周易》的注释，汗牛充栋不足形容其盛。其中不乏精品力作，自然也有混珠之鱼目。为给世人提供一个较为可靠的今译读本，东方国际易学研究院组织了专门的译注小组，在译注中遵循历史主义的原则，力图澄清以往释注中将经、传、学混为一谈的学风，为《周易》的释注开辟新的途径。小组同仁兢兢业业，数历寒暑，不敢有过高奢望，唯有认真负责。杀青付梓之日，视之尚忠实于原著。其间博采各家之长，不乏为前人所未发之新意，故有为中外学者参考之价值。译文通顺，注释简明，所以也是普通读者之良友。然而，《周易》经传形成的历史背景颇为复杂，达诂不易得。不当甚或错误之处，尚请读者不吝赐教。

朱伯崑　于 2004 年春

目　录

译者说明

一　历史的回顾和本译本的基本原则

本译本是东方国际易学研究院的重点科研项目。根据研究院的决定，组织了由王博、王德有、李申、郑万耕、廖名春等五人组成的译注小组，李申任组长。

译注工作从 1998 年底开始。分《易经》六十四卦为五部分：首卦乾至履，十卦；第十一卦泰至无妄，十五卦；第二十六卦大畜至解，十五卦；第四十一卦损至归妹，十四卦；第五十五卦丰至未济，十卦。分别由王博、廖名春、郑万耕、李申、王德有承担。每人先译出初稿，然后由大家讨论。讨论会每月一次，历时两年有余，基本讨论完毕，最后由李申统一整理成稿。《易传》部分，《系辞传》由郑万耕和王德有分译上下传，《说卦》、《杂卦》、《序卦》三传则由李申译出。最后由李申统稿并修改。

《易经》的文字古久简要，在当时可能是非常明了的文字，对于后人来说简直就无法知晓。有的字义就不明确，比如无妄卦六二爻辞有"不耕获"，是不耕而获，还是不耕也不获，还是不耕也不指望收获？从古以来的注家都各执一词。字义难以明确，要据此说明吉凶祸福的道理，也就难以准确。有的是字义明确，但不明白为什么如此。比如贲卦初九爻辞"贲其趾，舍车而徒"。为什么舍车而徒？《小象传》说是"义弗乘"，似乎是为了正义。有人说是为了炫耀他的花鞋。究竟是什么原因？所有的解释几乎都是一种猜测的性质。既是猜测，其可靠性也就难以保证了。这样的例子，在《易经》中可以说是比比皆是。至于文字错讹，更是必有之事，如今所见的几种版本，文字就不全同。谁是原貌？也难以定准。人们常说："诗无达诂。"其实，《易》与《诗》相比，可说是更难有达诂。所以就我们所见，古代几乎所有的注家，包括著名的王弼、朱熹等人，在那些文字难解的地方，也往往是"王顾左右"，撇开文字，去讲说什么爻象爻位。这样，在 1911 年之前的那些注本，几乎没有一本是逐字逐句解释文义能供我们全程参考的。

西方学术传入之后，学者们运用考古学、文字学的方法，对《易经》的文字进行清理。从闻一多、郭沫若、顾颉刚等先生开始，至今还在进行，并且取得了许多为人称道的成绩，同时也出现了一些并不令人信服的解释。比如顾颉刚先生考出，晋卦卦辞"康侯用锡马蕃庶"本是一个故事，说的是周武王之弟康叔用周王赏赐的马匹进行繁殖；高亨又引申为康侯把战胜俘获的许多马匹献（锡）给周王。又如高亨先生认为经文中的贞就是卜，占问的意思；亨就是享，祭祀的意思，等等。在这种方法的基础上，出现了高亨先生的《周易古经今注》和《周易大传今注》、李镜池先生的《周易通义》等影响较大的著作。

这些著作的本意，是在追求《易经》文字的本来含义。其方法，是考古学和文字学的。然而，考古学本身，也有它的局限，比如周武王确有一个叫做康叔的弟弟，但是《易经》中的康侯是否就是这个康叔？也需有其他的佐证。商朝的王亥曾经在易国丧失牛羊，但《易经》中的丧牛、丧羊是否就指此事？别人会不会也有丧牛于易之事？也难以定论。文字学的方法，也有局限。所谓文字学的方法，就是说，在原文难以理解的情况下，可利用相通或假借的字进行解释。这种情况是有的，比如"说"，就是"悦"或者"脱"。然而，这种方法运用得太广泛，就难免带有主观性。某字借为某字，某字再借为某字；某字与某字相通，某字又再与某字相通。这样的通假下去，就造成了一种新的解释方法。这种方法之失，谓之"穿凿"，即在本来不通的地方着意穿通或凿开一个洞，使它们相通。在这种方法的基础上，也难以追寻到《易经》的本义。

《易经》是一部占卜书，其中的卦爻辞多是一些具体的事件或现象。然而作者的目的不是记事，而是要通过这些事件或现象中含蕴的道理，去说明吉凶祸福。这样一来，那些具体的事件或者现象就具有了一般的或者说是普遍的意义。然而这样的事例或者现象为什么具有那样的普遍意义？古人的注释多着力于这一方向。这些注释，对于我们理解《易经》中的道理，至今仍有重要的参考价值。然而，经文的道理是通过文字表现的，要弄清那些词句的意思，首先要弄清那些文字的意思。在这一点上，虽然古人较今人离《易经》问世时较近，但却不如今人在考古和文字方面研究得认真和深入。而且即使对于汉魏的学者来说，《易经》也是一部古书，我们今天看不懂的地方，有的他们也看不懂。这样，今天的学者虽然比汉魏唐宋的学者晚生千余或数百年，但由于认真地进行了考古和文字学的研究，所以得见前人所不曾见的资料，其中的成果也是本书的重要参考。

然而无论古今，注《易》的著作都汗牛充栋，都参考到是不可能的。虽然有些无名之辈也可能有正确的见解，然而，那些影响深远的著作，毕竟才是时代的代表。所以本书只能着重参考那些重要的《易》注以及译本。在这些注译本理解冲突的地方，本译本将择善而从，并在认为必要的地方，注明重要的对立见解。

这样，就形成了本译本的基本工作原则。这个原则是：以古今重要的注译本为参考，以说明卦爻辞含蕴的道理为目的，一般不对卦爻辞的内容做过分的、根据不足的推求。并因此也尽量以通行本文字为准，一般不用或者尽量少用通假字来解释文义。

从这个原则出发，也表现了本译本的目的，那就是向广大读者传达《易经》文字中所讲的道理，或者说，是传达古往今来学者们较为一致地认为《易经》文字所蕴含的道理。它不是一部考证《易经》本来面貌、解读《易经》文字本来意义的学术专著，尽管它要以《易经》本貌和《易经》文字的本来意义为基础。在涉及本貌和本义的地方，多数情况下，本译本只能以那些古今名著为据。

虽然如此，参加译注工作的，毕竟都是以传统文化研究为职业的，所以也不免有自己的一孔之见。这些一孔之见有些也体现于译文之中，所以有必要给读者略加介绍。

二　《易经》的思想价值

一、《易经》每卦皆大体围绕一个中心内容。

《易经》每一卦，都大体有个中心内容。这仅仅从卦的文字上就可以看得出来，以致高亨于《周易古经今注》中列表说明，卦名乃是依据筮辞而题。卦名是不是依据筮辞，可另讨论。但由此可以看到每卦皆大体有一中心内容，则不会离题太远。

二、每卦的中心内容，又往往依据爻位由下到上的初、二、三、四、五、上的画卦顺序，呈现出某种递进的态势。

这一点，以乾卦和渐卦最为明显。乾卦从初爻到上爻又到用爻，描述了龙由潜到飞升到亢进的运动过程。渐卦则描述了鸿从水中到岸上再飞上天空的运动过程。然而，这种内容的递进，并不限于乾、渐等卦。其他各卦，都有某种程度的内容递进过程，只是没有乾、渐等卦的鲜明、完整罢了。这一点，读者在阅读中自会体会。

三、二、五两爻被安排为重要的爻位，上爻则往往安排为穷极将变的内容。

这一点，比起第二点更加隐晦，也更加不完整。然而细心体会，也不难发现编排者的苦心。

这种情况说明，今日所见《易经》的文字，确实是经过了某人的精心编排。这些编排说明，编排《易经》的思想家（们），已经具备了相当丰富、相当深刻的关于社会、人生的知识。他们已经能够按照事物的性质，将人生和社会问题归结为六十余类。并且认识到，每一类问题，都有某种程度的发展过程。而在发展中，有些环节是比较重要的。而事情发展到极点时，往往会出现向相反方向的变化。至于整个经文的安排，从乾、坤开始，接着是屯、蒙，经过需、讼、师、比等等，到既济、未济结束，体现了编排者对世界万物发展变化的总体认识。这个认识充满了合理的、辩证法的思想，由于学界对此已经说得颇多，就无须我们置喙了。不过由此也可以说，《周易·序卦传》对卦序的解释，也是大体正确的。如果《易经》确实成书于周代初年，并且就是这样的编排，那么，当时我中华民族已经达到的思想高度，是应该有充分估价，并且应该载入哲学发展史册的。

四、对吉凶悔吝的说明都有一定的道理支持。

《易经》是部占卜书，并且是上层人物，或者说，就是天子、王室或者朝廷之上的人们所用的占卜书。后来，能够运用《易经》进行占卜的，才扩大到诸侯，再后才及于一般士人。至于民众，从《易经》成书至今，几乎从来无人真正用《易经》进行过占卜。他们所能应用的，最多是由《易经》演绎而来的各种变种。

因此，《易经》的占卜所面对的，就不是一般的神祇，而是最高的神祇，是上帝。占卜的目的，就是要从上帝那里获得指示。简单的头脑所创造的上帝，也是个头脑简单的上帝，它只需说明是吉是凶即可；复杂的头脑所创造的上帝，其思想也要复杂得多。《易经》中，吉凶悔吝，一般都有某种道理的支持，而不仅仅是告诉人们个吉凶了事。神祇和上帝当然是不存在的,我们从这些神祇或者说上帝的指示中,所看到的乃是我们古人已经高度发达的智慧。这种智慧在神的名义下告诉人们说,你行为的后果,决定于你的行为本身。坤卦《文言传》说:"积善之家,必有余庆;积不善之家,必有余殃。"可说是集中概括了《易经》吉凶悔吝的精髓。

这也就是说,吉凶悔吝,不仅是神祇、上帝的赏罚,更重要的,是你自己行为的后果。或者说,神祇、上帝,也是根据你的行为善恶而决定赏罚的。那么,真正决定你命运的,乃是你自己。这样一种观念,乃是低级、原始的传统宗教向高级的人为宗教转变的重要内容之一。和其他民族相比,可说中国较早地完成了这个转变。在人类思想发展史上,这是值得骄傲的事情,也是《易经》对我国古代思想发展所做出的重要贡献。

在我们肯定《易经》思想价值的时候,我们也有必要申明,《易经》只是我们众多文化遗产中的一部分,把《易经》说成是中国文化之源,说其他的文化创造都是来自或者根据《易经》,就过分夸大了。

至于《易传》的思想价值,研究者已经很多,我们也不必置喙了。

三　对几个具有普遍意义的问题的认识

一、卦名与卦辞

卦名是卦辞的一部分。

依据这样的见解,曾被认为是失落了卦名的卦,就很容易的得到了解释。这几个被认为失落了卦名的卦是:履、否、同人、艮。这几卦的卦辞分别是:

履虎尾……

否之匪人……

　　同人于野……

　　艮其背不获其身……

如果认卦辞的第一字为卦名，则卦名未失落，而卦辞亦完整。

还有两卦，或认为是卦辞缺字。比如：

　　大有，元亨。

　　中孚，豚鱼吉。

即认为"元亨"前缺"大有"二字，"豚鱼"前缺"中孚"二字。因为这两卦，只有加上这两字，才好说明卦义。然而，只要把卦名计入卦辞，则缺字问题也就不存在了。

此外，还有几卦，也只有把卦名计入卦辞，卦义才好解释。比如：

　　观，盥而不荐……

　　夬，扬于王庭。

　　姤，女壮，勿用取女。

　　丰，亨，王假之……

至于其他卦，虽然卦名与卦辞的联系不如上述诸卦紧密，但是它们与卦辞是一个整体，则也当顺理成章。

二、元吉与大吉

元吉与大吉有别。

元，本义是始。汉代刘向就认为元吉就是始吉："《易》曰：'涣其群，元吉。'涣者，贤也。群者，象也。元者，吉之始也。"（《说苑·奉使》）其后侯果曾释元吉为大吉（见《周易集解·益六二象》）。而一般汉魏学者，包括王弼，也包括侯果，则一般不加注释，而直接沿用"元吉"的概念。唐代孔颖达《周易正义》，释元为大："元，大也。"（《周易正义·坤六五》）此后，以元为大，得到了多数学者的承认，包括程颐和朱熹。程颐认为，元，是"大而善"（《程氏易传·坤六五》）。今天的学者，也多以元为大。

然而，《易经》中"元吉"之外，还有"大吉"，其数量都不少（元吉 15 处，大吉 5 处）。因此，元吉之外的大吉不是偶然的用词，而应是一种常规。那么，这两个概念既然都并列地经常使用，就应该有所差别。否则，就没有必要用两个概念。

那么，元吉和大吉区别何在呢？

元，本义是始，第一个。这开始的第一个，从年龄上说，最大，所以元就与大相通。比如：大哥，大姐。然而这个大，只是特定意义上的大，不是一般的数量、体积上的大。因为与大相通而译元为大，容易和数量、体积之大混淆。

在古代宗法制的社会里，开始的，第一个，也就是老大，同时也就具有了为首的资格。所以大哥、大姐也叫长兄、长姐。由此而演变出的首长一词，就完全是主宰者的意思。所以《周易·乾卦·文言》释元为："元者，善之长也。"也就是说，元，是善的头领、主宰，是善中之最善者，善之最。

由这个意义上说，元就不仅是大而善，而且是善之最。所以元吉不是一般的大吉，而是吉中之最，最吉。单说是大，则体现不出这"善之长"中的"最"义。所以，本译本译元吉为"最吉"；或者根据具体情况，译为"始吉"或者"本来就吉"。

三、利见大人

其"见"当为"现"。

古文"见"本来就同时具有"现"、"见"二义。所以一般译本也多以"利见大人"为"宜于去见大人"。然而，《易经》本来就是供天子王侯们占卜的文献，他们自己就是大人，还去晋见什么大人？所以，本译本一般译为"宜于大人出现"。

四、往

未必都是"前去"，而当是"有所行动"。

五、《象传》中的时、时用、时义

依王注孔疏之传统，时即时期；时用即用时，"适时之用"（孔疏）；时义即适时的意义，"不尽于所见，中有意谓"（王注，姤）。

六、刚柔

多见于《象传》，多指特定之爻，有时也指经卦或一类爻象。本译本根据情况，或译为阳刚、阴柔，或译为刚健、柔顺等。

七、利涉大川

很可能指可以克服艰难险阻，并非一定是指渡河。本译本仍然译为渡河，希望读者去体会其中的意义。

八、某些专用名词

如乾、坤、阴阳、道等，一般不译。一些古代专用器物名，也不译，如：牿、簋等等。

九、吉凶悔吝咎

吉为吉利或吉祥，凶为大的灾祸。悔，悔恨。吝，不仅是艰难，而且是遭受羞辱。其艰难也来自羞辱，故多译作"羞辱"。咎，因为罪过或过错而受处罚或责备。本译本根据具体情况，分别译为"责备"、"过错"、"罪过"等。

四　元亨利贞说

"元亨利贞"四字，可说是《易》经所有文字中最难解释的文字。据《乾·文言》，则四字的意义是：

> 元者，善之长也；亨者，嘉之会也；利者，义之和也；贞者，事之干也。君子体仁足以长人，嘉会足以合礼，利物足以和义，贞固足以干事。

《左传·襄公九年》也记载了当时人们对元亨利贞的解释，除"善之长"为"体之长"外，其他无甚区别。可见，这样的解释在古代影响深远。

现存汉魏时代的《易》注，未见对元亨利贞的新解。王弼《周易注》，也无对元亨利贞的集中说明。孔颖达《周易正义》和李鼎祚《周易集解》，都引《子夏传》，认为元亨利贞的意思是：

> 元，始也。亨，通也。利，和也。贞，正也。

王弼注，也常常以亨为通。

《文言传》对元亨利贞的解释虽然影响深远，但难以体现于对《易经》文字的注释。署名《子夏传》对元亨利贞的解释，则被大量地带入了各种《易经》注释。或者说，它对元亨利贞的解释就是对汉魏时代各种《易经》注本的概括和总结。其中以亨为通，以贞为正，基本上就成了亨、贞的正解。

宋代，程颐提出了自己对元亨利贞的理解：

> 元者，万物之始；亨者，万物之长；利者，万物之遂；贞者，万物之成。（《程氏易传·乾》）

这是把元亨利贞当成了万物从始到终的发展过程。朱熹原则上不否认程颐的解释，但在《周易本义》中，他还是提出了自己的理解：

> 元，大也；亨，通也；利，宜也；贞，正而固也。（《周易本义·乾》）

此外，朱熹在其他地方还多次强调，仅仅说正，不足以完全包容贞的意义。贞不仅是正，而且还兼顾着固。

近现代学者对元亨利贞的主要贡献，是认为亨即享，祭祀的意思；而贞乃是卜，即占问的意思。这样的解释，也曾经造成了广泛的影响。

那么，是不是古人就不知道亨为享祭呢？查阅上述著名学者的注释，发现他们其实有时也做如是解。比如朱熹《周易本义》，就有四处以亨为享：

> 大有·九三：公用亨于天子。《本义》：《春秋传》作享，谓朝献也。古者亨通之亨，享献之享，烹饪之烹，皆作亨字。

> 随·上六：王用亨于西山。《本义》：亨，亦当作祭享之享。

> 升·六四：王用亨于岐山。《本义》：义见随卦。……登祭
> 于山之象。

> 困·九二：利用亨祀。《本义》：亨，读作享。……其占利
> 用享祀。

再向前追溯，汉魏时人也有以亨作享的。据陆德明《经典释文》：

> 大有·九三：公用亨于天子。通也。京房：献也；干宝：宴
> 也；姚云：享，祀也。

> 随：用亨。通也。陆（绩？），许两反。祭也。

查《说文》，则没有亨字。只有一个"亯"字，兼具亨、享、烹的意义。
其注释曰：

> 亯，献也。从高省，曰象进孰物形。《孝经》曰：祭则鬼亯
> 之。凡亯之属皆从亯。（许两切，又普庚切，又许庚切）。

《康熙字典》认为，三义之中，亨为基本意义，其后加一横为享，加四
点为烹。而今人编的《辞源》，则认为亨通烹，而与享本为一字。后
人加了一横，使亨为亨通，享为献享，并且认为亨通就是"通达顺
利"。

上面的考察表明，古人其实明明白白知道，亨与享、烹相通，而
且其实就是一个字。或者说，这一个字就具有三种意思，为什么不
把亨解为祭祀，而要解释为通呢？

原来，亨所指的祭祀，不是仅仅祭祀而已。所谓"象进孰（熟）
物形"，就是说，亨的本字，包含着从烹饪到献祭、到神祇接受了祭
品因而人神已经沟通的全过程。所以，一个通字，是抓住了亨的核
心内容。这个内容就是，要和神马上沟通，得到神的指示。所以，
亨，也就不是一般意义的献祭，而仅仅说是祭祀，也体现不出亨的
全部内容或者说是最重要的内容。而亨通的通，就不是一般的通，
而是和神祇，或者说和上帝沟通的通。至于《辞源》解为通达顺利，
就是通的进一步发展了。不过这个发展，离亨的本义可就比较

远了。

所以，认为亨是祭祀，是对的。但它不是一般的祭祀，而是要当场就能和神祇沟通的祭祀。说它是通也是对的，但它不是一般的通顺、顺利，而是和神祇沟通的通，就像在一个尚未贯通的地方通过人工凿通的通。所以，本译本在不同的地方，将根据具体情况，或译亨为祭祀，或译亨为沟通，或译为亨通。不过都是从不同角度描述同一件事实罢了。

亨是这样的意义，和亨连用的元，那就没有别的意义，而只是"开始"的意义了，即，占问开始，先行沟通。这样神祇才接受您的咨询，而您也才宜于占问。这宜于占问，也就是"利贞"的意义。

亨的这种意义，其实古人有时也说得清楚，比如《左传·昭公四年》："以亨神人。"孔颖达《正义》道："《易·文言》：亨者嘉之会。嘉会礼通谓之亨，是亨为通也。言治民事神，使人神通说。"也就是说，亨的通，是使人神沟通，以便可以互相讲话。

由此我们也就知道，以亨为通，和《文言传》说亨是"嘉之会"，并不矛盾，而且完全一致，因为祭祀就是美好的聚会。

上面我们已经说过，元的"善之长"，是"始"的延伸；而亨的"嘉之会"，也就是享神的延伸了。至于利的"义之和"，当就是"宜"的延伸。因为义，就是宜，和，就是都合宜而不冲突。

贞的本义，应当就是占问，否则经文中的"贞厉"、"贞凶"，就难以理解。从王弼注到朱熹的《周易本义》，在这些地方都说是守正的凶险，实在是牵强凑合。所以，现代学者认为贞是占问，是非常正确的。因为汉代许慎《说文》就指出："贞，卜问也。"也就是说，把贞解释为卜，并非现代人的发明。在一般情况下，本译本将贞译为占问。

占问要求态度端正，大约由此贞就获得了正的意义。正要保持才能牢固，由此也获得了坚贞的意义。《周易·师卦·象传》就说："贞，正也。"可见解贞为正，历史悠久。后来朱熹认为贞不仅是正，而且是正固，也是非常正确的。贞是否因此由占问过渡到了正固？我们的猜想大约可备一说。而且无论如何，以贞为正，也已经有了悠久的历史。所谓"事之干"，不过是持正、坚贞的延伸。本译本在必要的地方，为了强调经文的劝善性质，有时也将贞译为坚贞或守正。

五 体例

一、本译本在正文前加卦名标题，并标明次序。如"一乾"、"二坤"……。

二、标题下、正文前，做"解题"，简要说明该卦主要内容。

三、本译本尽量靠译文说明原意。仅在必要的地方，做少量简要的注释。

四、依通行本（阮刻《十三经注疏》本），在译经文时，也译《彖》、《象》、《文言》三传。《象传》部分，标明《大象传》和《小象传》。

五、传文引用经文加以解释的，译传文时一般将译后之经文引入，并加括号。传文转述经文中的某些词语用以表述自己见解的，则不加引号。

限于水平，本译本可商榷之处一定不少，我们欢迎各方人士的批评，以便我们今后修订，使之趋于完善。

译者说明执笔人：李申　于 2001 年 2 月 10 日

2003 年 12 月 16 日　修改

2015 年 11 月 22 日再改，其中参考了许多任继愈先生在世时对本译本提出的批评意见

周易上经

一　乾

[**解题**]乾(qián)，被认为是天的性质。比如刚劲、矫健、光明、运动等等。四库本认为，乾，应作乾，日出时的光芒。本卦讲述的就是乾性事物的种种特点和作用。

☰(乾上乾下)乾

元、亨，利贞。

[译]

乾，开始，先进行沟通。宜于占问。

初九:潜龙勿用。

[译]

初九爻:潜伏的龙，不可轻举妄动。

九二:见龙在田，利见大人。

[译]

九二爻:龙出现于田野，利于大人出现。

[注]

见,现。

九三:君子终日乾乾,夕惕若,厉,无咎。

[译]

九三爻:君子白天兢兢业业,夜里警惕戒惧,处境艰险,也无过无灾。

九四:或跃在渊? 无咎。

[译]

九四爻:可能跃进深渊? 无过无灾。

九五:飞龙在天,利见大人。

[译]

九五爻:龙腾飞上蓝天,利于大人出现。

上九:亢龙有悔。

[译]

上九爻:亢进的龙将有悔恨。

用九:见群龙无首,吉。

[译]

用九爻:发现群龙没有首领,吉利。

《彖》曰:大哉乾元! 万物资始,乃统天。云行雨施,品物流形。大明终始,六位时成。时乘六龙以御天。乾道变化①,各正性命。保合大和②,乃利贞。首出庶物,万国咸宁。

[译]

　　《彖传》说:伟大啊,本源乾啊! 万物由此开始,而一切统率于天。云气飘啊雨露下,成就了万类千形。伟大的光明始终照耀,六个阶位适时完成。随时驾乘这六条巨龙巡视天空。以乾为基础的种种体现,都有自己的命运和本性。保持那本来的和谐,才利于和神祇沟通。它是一切事物成败的首要因素,使所有的国家都稳定安宁。

[注]

　　① 变化,刚健光明的乾性成就的种种事物。

　　② 大和,即太和。事物自身天然的、最高的和谐。

　　《象》曰:天行健,君子以自强不息。

[译]

　　《大象传》说:天的运行健动,君子据此自强不息。

[注]

　　乾为(象征)天,本卦上下皆乾,所以讲"天行健"。

　　"潜龙勿用",阳在下也。

　　"见龙在田",德施普也。

　　"终日乾乾",反复道也①。

　　"或跃在渊",进无咎也。

　　"飞龙在天",大人造也②。

　　"亢龙有悔",盈不可久也③。

　　用九,天德不可为首也④。

［译］

（《小象传》:）“潜伏的龙,不可轻举妄动”,是阳气潜藏在地下啊。

“龙出现于田野”,是恩德的施予普遍啊。

“白天兢兢业业”,是反正都合道啊。

“可能跃进深渊?”是前进无过无灾啊。

“龙腾飞上蓝天”,是大人有所作为啊。

“亢进的龙将有悔恨”,是得意不会长久啊。

用九爻,是说单靠刚健型的德行不能作众人的首领。

［注］

① 反复道也,反来复去都是道。

② 造,作,作为。一说为至,亦通。

③ 盈,满足。转意为得意之时。

④ 天德,即乾德,刚健光明的性质。

《文言》曰:元者,善之长也①;亨者,嘉之会也;利者,义之和也;贞者,事之干也。君子体仁足以长人,嘉会足以合礼,利物足以和义,贞固足以干事。君子行此四德者,故曰:“乾,元、亨、利、贞。”

［译］

《文言传》说:元,是善举的首领;亨,是美好的聚合;利,是正义的和谐;贞,是事物的骨干。君子具备仁德足以领导众人,聚合美好足以合乎礼仪,造福别人足以使正义和谐,忠贞坚定足以担当重任。君子实行这样的四种德行,所以说:“乾,包含着元、亨、利、贞。”

［注］

① 长,读 zhǎng,首领。

初九曰："潜龙勿用。"何谓也？子曰[1]："龙，德而隐者也。不易乎世，不成乎名。遁世无闷，不见是而无闷。乐则行之，忧则违之，确乎其不可拔，潜龙也。"

[译]

初九爻说："潜伏的龙，不可轻举妄动。"什么意思呢？孔子说："龙，是有德的隐居者啊！不为世俗所动摇，不把名誉来追求。脱离世俗不觉烦闷，得不到赞成也不觉烦闷。高兴做的事就做，不高兴做的就不做。确实牢固而不可改变，这就是潜龙啊。"

[注]

① 子曰，传统意见一般认为是"孔子说"。

九二曰："见龙在田，利见大人。"何谓也？子曰："龙，德而正中者也。庸言之信，庸行之谨[1]，闲邪存其诚[2]，善世而不伐，德博而化。《易》曰：'见龙在田，利见大人。'君德也。"

[译]

九二爻说："龙出现于田野，利于大人出现。"什么意思呢？孔子说："龙，是有德且居于中心者啊！平素说话守信，平素行为谨慎，杜绝邪恶而保持忠诚，行善于世而不表功，德行影响广泛感化民众。《易经》说：'龙出现于田野，利于大人出现。'这是君主的德行啊。"

[注]

① 庸，平常。
② 闲，防备，杜绝。

　　九三曰："君子终日乾乾，夕惕若，厉，无咎。"何谓也？子曰："君子进德修业。忠信，所以进德也；修辞立其诚，所以居业也。知至至之，可与几也；知终终之，可与存义也。是故居上位而不骄，在下位而不忧。故乾乾，因其时而惕，虽危无咎矣。"

[译]

　　九三爻说："君子白天兢兢业业，夜晚警惕戒惧，处境艰险，也无过无灾。"什么意思呢？孔子说："君子要增进德行，创建功业。忠诚与守信，为的是增进德行；讲究文辞以表达忠诚，为的是成就事业。知道可以达到的目标并且达到了，可以参与事物的转机；知道应该何处终止并且终止了，可以参与保持正义。所以居于高位而不傲慢，处于低位而不苦恼。并因此兢兢业业，随着时势而警惕戒惧，虽然处境艰险，也会无过无灾。"

　　九四曰："或跃在渊，无咎。"何谓也？子曰："上下无常，非为邪也；进退无恒，非离群也。君子进德修业，欲及时也，故无咎。"

[译]

　　九四爻说："可能跃进深渊？无过无灾。"什么意思呢？孔子说："处上位处下位都不长久，不是操行邪恶；是前进是后退没有定准，不是要脱离群体。君子增进德行，创建功业，希望能抓住时机，所以无过无灾。"

　　九五曰："飞龙在天，利见大人。"何谓也？子曰："同声相应，同气相求；水流湿，火就燥，云从龙，风从虎。圣人作而万物睹。本乎天者亲上，本乎地者亲下，则各从其类也。"

[译]

九五爻说："龙腾飞上蓝天，利于大人出现。"什么意思呢？孔子说："声音相同就互相感应，气类相同就互相追求；水往湿处流，火烧干燥物，云伴随着龙，风伴随着虎。圣人的一举一动民众全都知道。本源在天的向上亲近，本源在地的向下亲近，这就是各自追随自己的同类啊。"

上九曰："亢龙有悔。"何谓也？子曰："贵而无位，高而无民，贤人在下位而无辅，是以动而有悔也。"

[译]

上九爻说："亢进的龙将有悔恨"，什么意思呢？孔子说："尊贵却没有职位，崇高却脱离民众，贤人处于下位却得不到帮助，所以要行动就一定会酿成悔恨。"

"潜龙勿用"，下也。"见龙在田"，时舍也①。"终日乾乾"，行事也。"或跃在渊"，自试也。"飞龙在天"，上治也。"亢龙有悔"，穷之灾也。乾元用九②，天下治也。

[译]

"潜伏的龙不可轻举妄动"，因为地位低下啊。"龙出现于田野"，是适时的处所啊。"白天兢兢业业"，是在做事啊。"可能跃进深渊？"自己在尝试啊。"龙腾飞上蓝天"，是上面在施政啊。"亢进的龙将有悔恨"，是穷途末路的灾难啊。本源乾运用这阳刚之德，天下就会得到治理。

[注]

①　舍，住宅、处所。

② 用九,九为太阳,阳刚之强者,用九即用这阳刚之德。

"潜龙勿用",阳气潜藏。"见龙在田",天下文明。"终日乾乾",与时偕行。"或跃在渊"? 乾道乃革。"飞龙在天",乃位乎天德。"亢龙有悔",与时偕极。乾元用九,乃见天则。

[译]

"潜伏的龙不可轻举妄动",是阳气潜藏在地下。"龙出现于田野",普天下都走向文明。"白天兢兢业业",是行为随着时间前进。"可能跃进深渊?"刚健的原则改变了。"龙腾飞上蓝天",就是具有和上天同样的德行。"亢进的龙将有悔恨",是随着时间一起走向极端。本源乾运用刚健德行,呈现的是上天的法则。

乾元者,始而亨者也。利贞者,性情也。乾,始能以美利利天下。不言所利,大矣哉! 大哉乾乎! 刚健中正,纯粹精也。六爻发挥,旁通情也。"时乘六龙",以御天也。"云行雨施",天下平也。

[译]

那本源乾,是开始就亨通的啊。利于坚贞,说的是性情啊。只有乾,才能以美好的福利造福天下。不说自己是给人造福,真是伟大啊! 伟大的乾啊! 它刚健中正,是纯粹的精华啊。六爻把含义发挥出来,贯通着物性与人情啊。"随时驾驭着六条巨龙",是去巡视天空啊。"云气飘啊雨露下",天下就太平了啊。

君子以成德为行,日可见之行也。潜之为言也,隐而未见,行而未成,是以君子弗用也。

[译]

君子的行为用以成就德行,说的是天天都可见的德行啊。潜的意思,就是隐藏而不显现,行动却无所成就,所以君子不予采用啊。

君子学以聚之,问以辩之,宽以居之,仁以行之。《易》曰:"见龙在田,利见大人。"君德也。

[译]

君子用学习积累知识,用询问讨论是非,用宽容来处世,用仁德去行事。《易经》说:"龙出现于田野,利于大人出现。"这是君主的德行啊。

九三重刚而不中①,上不在天,下不在田。故乾乾因其时而惕,虽危无咎矣。

[译]

九三爻处于双重的刚健之上却不在中位,上不在天,下不在田。所以要兢兢业业随着时势而戒惧警惕,虽然处境艰险却无过无灾。

[注]

① 重刚,指初九爻、九二爻都是刚。

九四重刚而不中①,上不在天,下不在田,中不在人,故"或"之。"或"之者,疑之也,故无咎。

[译]

九四爻处于三重的刚健之上却不在中位,上不在天,下不在田，中不在民间，所以加个“可能”。“可能”的意思，就是有所疑虑，所以无过无灾。

[注]

　　① 此处“重刚”指初九、九二、九三爻都是刚。

夫大人者①，与天地合其德，与日月合其明，与四时合其序，与鬼神合其吉凶。先天而天弗违，后天而奉天时。天且弗违，而况于人乎！ 况于鬼神乎！

[译]

　　所说的大人哪，与天地的德行一致，与日月的光明相同，与四季的顺序合拍，与鬼神一样的给人吉凶。先于上天行动上天不会违背他，后于上天行动则遵守上天的时令。上天都不违背他，何况人呢！ 何况鬼神呢！

[注]

　　① 大人，有职位的圣人。

亢之为言也，知进而不知退，知存而不知亡，知得而不知丧。其唯圣人乎！ 知进退存亡而不失其正者，其唯圣人乎！

[译]

　　亢的意思是，只知前进而不知后退，只知生存却不知灭亡，只知获得却不知丧失。只有圣人吧！ 懂得进退存亡并且不背离正道的，只有圣人吧！

二　坤

　　[解题]坤，被认为是地的性质，比如包容、顺从、忍耐、柔顺、

安静等等。本卦主要讲述坤性事物的种种特点和表现。

䷁（坤上坤下）坤

元，亨，利牝马之贞。君子有攸往，先迷后得主，利。西南得朋，东北丧朋。安贞，吉。

[译]

坤，开始，先进行沟通，宜于占问母马一类的事。君子将有所投奔，开始迷茫然后得遇明主，有利。西南得到朋友，东北丧失朋友。安然守正，吉利。

《彖》曰：至哉坤元！万物资生，乃顺承天。坤厚载物，德合无疆。含弘光大，品物咸亨。牝马地类，行地无疆，柔顺利贞。君子攸行，先迷失道，后顺得常[①]。西南得朋，乃与类行；东北丧朋，乃终有庆。安贞之吉，应地无疆。

[译]

《彖传》说：尽善尽美的本源坤啊！万物因您得以生存，温顺地服从着上天。坤性宽厚负载万物，恩德广大无边。含容一切又滋养一切，各种事物都顺利长成。母马和大地同类，驰骋在无边无际的大地上，温柔顺从利于坚贞。君子的行为，先迷失道路，此后就顺畅进入常规。西南得到朋友，就和同类一起行动；东北丧失朋友，最终会有喜庆。安然守正的吉利，和大地的无限宽广相应。

[注]

① 常，常规。

《象》曰：地势，坤。君子以厚德载物。

[译]

《大象传》说:地的形象,其象征是坤卦。君子据此以宽厚的德行容载万物。

初六:履霜,坚冰至。

[译]

初六爻:踩到霜,坚冰就要来了。

《象》曰:履霜坚冰,阴始凝也,驯致其道,至坚冰也。

[译]

《小象传》说:踩到霜,是说阴气开始凝结,顺着这个方向继续发展,就会出现坚冰了。

[注]

四库本认为,"履霜"后"坚冰"二字为衍文。

六二:直方大,不习无不利。

[译]

六二爻:正直、端方、宽大,不演习也没有什么不利。

《象》曰:六二之动,直以方也。"不习无不利",地道光也。

[译]

六二爻的运动,正直而且有原则啊。"不演习也没有什么不利",是大地之道的荣光啊。

六三:含章可贞,或从王事,无成有终。

[译]

　　六三爻：含蕴秀美，往往坚贞。假如为天子做事，无所成就也会有好的结局。

　　《象》曰："含章可贞"，以时发也。"或从王事"，知光大也。
[译]

　　《小象传》说："含蕴秀美往往坚贞"，是用来等待时机再采取行动啊。"假如为天子做事"，是知道要显露和发挥才能啊。

　　六四：括囊，无咎无誉。
[译]

　　六四爻：扎紧口袋，不受责备也没有赞誉。

　　《象》曰："括囊无咎"，慎不害也。
[译]

　　《小象传》说："扎紧口袋不受责备"，是说谨慎就远离祸害啊。

　　六五：黄裳，元吉。
[译]

　　六五爻：黄色的裙子，最为吉利。
[注]

　　裳，裙子。古代男女都穿裙子。

　　《象》曰："黄裳元吉"，文在中也。

[译]

《小象传》说："黄色的裙子最为吉利"，因为其中有纹彩啊。

上六：龙战于野，其血玄黄。

[译]

上六爻：龙在田野里争战，它们的血色暗黄。

[注]

玄，深暗。

《象》曰："龙战于野"，其道穷也。

[译]

《小象传》说："龙在田野里争战"，它们是无路可走了。

用六：利永贞。

[译]

用六爻：利于永远坚贞。

《象》曰：用六永贞，以大终也。

[译]

《小象传》说："用六爻的永远坚贞"，为了有个辉煌的结局啊。

《文言》曰：坤至柔而动也刚，至静而德方。后得主而有常，含万物而化光。坤道其顺乎！承天而时行。

[译]

《文言传》说：坤最柔顺，但运动起来也是刚劲的；最娴静，但德行端方。然后得遇明主而有了常规,含容万物并且教化显彰。坤性的行为原则就是个温顺吧!服从上天并且按照时令行事。

积善之家,必有余庆;积不善之家,必有余殃。臣弑其君,子弑其父,非一朝一夕之故,其所由来者渐矣,由辩之不早辩也。《易》曰:"履霜,坚冰至",盖言顺也。

[译]

积累善行的人家,一定有遗留的喜庆;积累不善行为的人家,一定有遗留的祸殃。臣子杀死君主,儿子杀死父亲,不是一朝一夕的原因,它的发生是逐渐积累起来的呀,在于能不能及早地加以辨别啊。《易经》说:"踩到霜,坚冰就要来了",说的就是这个顺序啊!

直,其正也;方,其义也。君子敬以直内,义以方外,敬义立而德不孤。"直方大,不习无不利",则不疑其所行也。

[译]

直,就是正啊;方,就是义啊。君子敬畏用来正直心思,仗义用来端方行为。敬畏和仗义树立起来,这样的德行就不会孤立。"正直、端方、宽大,不演习也没有什么不利",他的行为也就不会被人怀疑了。

阴虽有美,含之以从王事,弗敢成也。地道也,妻道也,臣道也。地道无成,而代有终也。

[译]

阴柔虽然有美德,含容着来为天子做事,不敢去自求成功。

这就是大地的行事原则啊,妻子的行事原则啊,臣子的行事原则啊。大地的行事原则是不求成就,但世代都会有好的结局。

天地变化,草木蕃。天地闭,贤人隐。《易》曰:"括囊,无咎无誉",盖言谨也。

[译]

天地变化,草木繁荣。天地闭塞,贤人隐退。《易经》说:"扎紧口袋,不受责备也没有赞誉",说的就是谨慎啊。

君子黄中通理①,正位居体。美在其中,而畅于四肢,发于事业,美之至也!

[译]

君子内心高尚并且通晓事理,使自己处于正当的位置。美德在自己心中,顺畅地体现于言行,表现于事业,这是美的最高境界了。

[注]

① 黄中,五行以黄色的土为中央。黄,像土那样作中心、核心的品质。中,内。

阴疑于阳必战,为其嫌于无阳也,故称龙焉。犹未离其类也,故称血焉。夫玄黄者,天地之杂也,天玄而地黄。

[译]

阴遭到阳的怀疑,一定发生战斗。因为阴嫌自己纯阴无阳,所以也自称为龙。但还是没有脱离自己的同类,所以又说到血。玄黄,是天地混杂的颜色。天色玄而地色黄。

三　屯

[**解题**]屯(zhūn)，前进艰难的样子，也作集聚。这一卦讲遭遇阻滞艰难行进以及有关集聚的问题。

☷(震下坎上)屯

元,亨,利贞。勿用有攸往,利建侯。

[**译**]

行进艰难,开始,先行沟通,宜于占问。不要有所行动,宜于封建诸侯。

《彖》曰:屯,刚柔始交而难生,动乎险中。大亨贞,雷雨之动满盈,天造草昧,宜建侯而不宁。

[**译**]

《彖传》说:行进艰难,阳刚阴柔开始交合而艰难发生,在艰险中行动。极端的亨通持正,震雷大雨满足充盈,上天从混沌蒙昧中创造生命,宜于建立诸侯却不能安宁。

[**注**]

乾卦纯是阳爻,坤卦纯是阴爻。阳刚而阴柔。从屯卦开始,才是阴阳两种爻象混合成卦,所以是"刚柔始交。"动乎险中,动指下卦震,险指上卦坎。

《象》曰:云雷,屯。君子以经纶。

[**译**]

《大象传》说:云与雷,其象征是屯卦。君子据此以施政。

[注]

下卦震为雷,上卦坎为水,云亦水,所以是"云雷,屯"。经纶,施政。

初九:磐桓,利居贞,利建侯。

[译]

初九爻:徘徊,宜于保持坚贞,宜于建立诸侯。

《象》曰:虽磐桓,志行正也。以贵下贱,大得民也。

[译]

《小象传》说:虽然徘徊,志向行为是端正的啊。以高贵尊重卑贱,大得民众拥护啊。

六二:屯如邅如,乘马班如。匪寇,婚媾。女子贞不字,十年乃字。

[译]

六二爻:难向前啊,想回转啊,骑着马儿就地盘旋啊。不是贼寇,是迎亲的队伍。女子守正该嫁不嫁,十年后才嫁。

[注]

邅,回转。班,盘旋。匪,非。字,许嫁。

《象》曰:六二之难,乘刚也。"十年乃字",反常也。

[译]

《小象传》说:六二爻的艰难,是因为凌驾于阳刚之上。"十年后才嫁",实在是有点反常。

　　六三:即鹿无虞,惟入于林中。君子几,不如舍。往吝。
[译]

　　六三爻:追猎野鹿而无守林人引导,只管进入林中。君子应见几行事,此事不如放弃。追过去,要遭遇困难。
[注]

　　虞,虞人,掌管山林的人。几,事物将要发生时的萌芽状态,转折点。

　　《象》曰:"即鹿无虞",以从禽也。君子舍之。往吝,穷也。
[译]

　　《小象传》说:"追猎野鹿而无守林人引导",这是放走野兽啊。君子放弃这样做。追过去要遭遇困难,因为会找不着路。
[注]

　　从,纵,放纵的意思。禽,泛指禽兽。穷,无路可走。

　　六四:乘马班如,求婚媾,往吉,无不利。
[译]

　　六四爻:骑着马儿盘旋,是要前去求婚。去吧,吉祥,没有什么不好。

　　《象》曰:求而往,明也。
[译]

　　《小象传》说:为追求而前往,光明正大的事。

　　九五:屯其膏。小,贞吉;大,贞凶。

[译]

九五爻：囤积他的脂肪。少量的，占问，吉祥；大量囤积，占问，凶险。

[注]

膏，泛指贵重的东西。

《象》曰："屯其膏"，施未光也。

[译]

《小象传》说："囤积他的脂肪"，是施予未能广泛。

[注]

光，借为广。

上六：乘马班如，泣血涟如。

[译]

上六爻：这边骑着马儿就地盘旋，那边的人儿哭得血泪涟涟。

《象》曰："泣血涟如"，何可长也？

[注]

《小象传》说："哭得血泪涟涟"，怎么能够长久？

四　蒙

[解题]蒙，微弱，暗昧，幼稚。本卦讲述有关如何对待幼稚和蒙昧。

䷃（坎下艮上）蒙

亨。匪我求童蒙，童蒙求我。初筮告，再三渎，渎则不告。利贞。

[译]

幼稚，进行沟通。不是我有求于幼童，而是幼童有求于我。第一次占筮，神祇告知。再三，就是亵渎。亵渎，神祇就不告知。宜于占问。

《彖》曰：蒙，山下有险，险而止，蒙①。蒙亨，以亨行，时中也。"匪我求童蒙，童蒙求我"，志应也。"初筮告"，以刚中也②。"再三渎，渎则不告"，渎蒙也。蒙以养正，圣功也。

[译]

《彖传》说：幼稚，山下有危险，有危险还停在那里，这就是幼稚。幼稚而能亨通，在亨通中行动，是因为时机适中。"不是我有求于幼童，而是幼童有求于我"，这是心愿相通。"第一次占筮神祇告知"，因为刚直存于心中。"再三就是亵渎，亵渎，神祇就不告知"，因为愚弄了幼童。从幼稚开始就修养正道，这是成为圣人的功夫。

[注]

① 蒙卦上卦艮为山，为止，下卦坎为险，所以说是"山下有险，险而止"。

② 刚中，指下卦九二阳爻。《易传》认为，易卦六爻，自下向上，分别为初、二、三、四、五、上。其中二、五被认为是中位。

《象》曰：山下出泉，蒙。君子以果行育德。

[译]

《小象传》说：山下涌出泉水，其象征是蒙卦。君子据此以果断的行为培养德行。

[注]

上卦艮为山，下卦坎为水，水即泉，所以是"山下出泉"。

初六：发蒙，利用刑人，用说桎梏，以往吝。

[译]

初六爻：启发蒙昧，宜用处罚罪人，用释放罪人（的办法），不过这样做要遇到困难。

[注]

刑，处罚。说，即脱。桎梏，刑具。

《象》曰："利用刑人"，以正法也。

[译]

《小象传》说："宜用处罚罪人……"，以此贯彻法令。

九二：包蒙，吉。纳妇，吉。子克家。

[译]

九二爻：包容蒙昧，吉利。娶媳妇，吉利。其子能够当家。

[注]

克，能够。

《象》曰："子克家"，刚柔接也。

[译]

《小象传》说："其子能够当家"，是阳刚和阴柔相结合啊。

[注]

刚指九二阳爻，柔指六五阴爻。

六三：勿用取女。见金夫，不有躬。无攸利。

[译]

六三爻：不要娶那个女人。她见到有钱的男子，就没有了自己。（娶她）没有什么好处。

[注]

金夫，用金钱引诱女子的男人。躬，自身。

《象》曰："勿用取女"，行不顺也。

[译]

《小象传》说："不要娶那个女人"，因为她的行为不守规矩。

[注]

顺，服从规矩。

六四：困蒙，吝。

[译]

六四爻：总是长不大，要受艰难。

[注]

困蒙，困于蒙昧，总像小孩一样，长不大。

《象》曰：困蒙之吝，独远实也。

[译]

《小象传》说：总是长不大的难处，因为他独自远离实际。

六五：童蒙，吉。

[**译**]

六五爻：儿童的幼稚，吉祥。

《象》曰：童蒙之吉，顺以巽也。

[**译**]

《小象传》说：儿童幼稚的吉祥，因为他听话又随顺。

[**注**]

巽，谦逊，顺从。

上九：击蒙，不利为寇，利御寇。

[**译**]

上九爻：除去蒙昧，不宜做强盗，宜于抵御强盗。

[**注**]

击，击杀，意为除去。

《象》曰：利用御寇，上下顺也。

[**译**]

《小象传》说：利于以此抵御强盗，因为上下一心。

五　需

[**解题**]需，需要，期待。本卦讲述有关需要和期待的各种问题。

▤（乾下坎上）需

有孚，光。亨，贞吉。利涉大川。

[译]

需要和期待，有诚信，就光明。进行沟通，占问，吉祥。宜于涉渡大河。

《彖》曰：需，须也。险在前也，刚健而不陷，其义不困穷矣。"需有孚，光。亨贞吉"，位乎天位[1]，以正中也[2]。"利涉大川"，往有功也。

[译]

《彖传》说：需要和期待，就是必须的意思。艰险在前面，刚健却不陷入困境，因为本来就不会被困得无路可走。"需要和期待，有诚信，就光明。和神沟通，占问，吉祥。"因为居于天位，处在正中啊。"宜于涉渡大河"，是说行动会取得成功。

[注]

① 天位，指九五阳爻。

② 正中，指九二、九五都是阳爻。

《象》曰：云上于天，需。君子以饮食宴乐。

[译]

《大象传》说：云升上了天空，其象征是需卦。君子据此设宴行乐。

[注]

上卦坎为水、为云，下卦乾为天，所以是"云上于天"。

初九：需于郊，利用恒，无咎。

[译]

初九爻：在郊外期待着，宜于有耐心，无过无灾。

《象》曰:"需于郊",不犯难行也。"利用恒,无咎",未失常也。

[译]

《小象传》说:"在郊外期待着",是不冒犯危险去行动。"宜于有耐心,无过无灾",是没有失去常态啊。

九二:需于沙,小有言,终吉。

[译]

九二爻:在沙中期待着,多少有些非议,终究吉祥。

《象》曰:"需于沙",衍在中也。虽"小有言",以吉终也。

[译]

《小象传》说:"在沙中期待着",是宽延存在心中。虽然"多少有些非议",最终是吉祥的。

[注]

衍,宽延。中,指九二中位,象征心中。

九三:需于泥,致寇至。

[译]

九三爻:在泥中期待着,招致贼寇到来。

《象》曰:"需于泥",灾在外也。自我致寇,敬慎不败也。

[译]

《小象传》说:"在泥中期待着",是灾难在外面。因为我招来了贼寇,认真谨慎就不会失败。

[注]

　　敬,敬业的敬,认真的意思。

　　六四:需于血,出自穴。

[译]

　　六四爻:在血泊中期待着,是从洞穴中逃出来的。

　　《象》曰:"需于血",顺以听也。

[译]

　　《小象传》说:"在血泊中期待着",恭顺地聆听着。

　　九五:需于酒食,贞,吉。

[译]

　　九五爻:期待着酒饭,占问,吉祥。

　　《象》曰:酒食贞吉,以中正也。

[译]

　　《小象传》说:期待酒饭占问还能吉祥,因为他处心中正。

　　上六:入于穴,有不速之客三人来,敬之,终吉。

[译]

　　上六爻:进入洞穴,来了三位不速之客,恭敬他们,终究吉祥。

[注]

　　速,召,请。不速之客,不请自到的客人。

《象》曰：不速之客来，敬之终吉。虽不当位，未大失也。

[译]

《小象传》说：不速之客来了，恭敬他们，最终是吉祥的。虽然没有适当的地位，也不会有大的失误。

六　讼

[解题] 讼，诉讼。本卦讲述有关诉讼的种种问题。

☰（坎下乾上）讼

有孚，窒惕，中吉，终凶。利见大人，不利涉大川。

[译]

诉讼，有诚信，放弃了警惕，中间吉利，最终凶险。宜于大人出现，不宜于涉渡大河。

[注]

窒，堵塞。堵塞警惕，即放弃了警惕。

《彖》曰：讼，上刚下险[1]，险而健，讼。"讼，有孚，窒惕，中吉"，刚来而得中也[2]。"终凶"，讼不可成也。"利见大人"，尚中正也。"不利涉大川"，入于渊也。

[译]

《彖传》说：诉讼，上面刚健而下面危险，危险又刚健，就是诉讼。"诉讼，有诚信，放弃警惕，中间吉利"，是因为刚健到来并且得居中位。"最终凶险"，因为诉讼不会取胜。"宜于大人出现"，因为崇尚中正。"不宜涉渡大河"，因为将会陷入深渊。

[注]

① 上卦乾为刚，下卦坎为险，所以说是上刚下险。

② 指阳爻居于中位。象征刚健者处事中正。

《象》曰：天与水违行，讼。君子以作事谋始。

[译]

《大象传》说：天和水背道而行，是讼卦的象征。君子据此开始做事就要周密谋划。

[注]

上卦乾为天，下卦坎为水，所以是"天与水违行"。

初六：不永所事，小有言，终吉。

[译]

初六爻：让事情中途而废，多少有些非议，终究吉利。

《象》曰："不永所事"，讼不可长也。虽"小有言"，其辩明也。

[译]

《小象传》说："让事情中途而废"，因为诉讼不可久长。虽然"多少有些非议"，他的辩解是明白的。

九二：不克讼，归而逋，其邑人三百户，无眚。

[译]

九二爻：不能胜诉，回到家就逃掉了，他镇上的三百户人家，没遭灾难。

[注]

　　逋,逃。邑,城镇。眚,灾。

《象》曰:"不克讼,归逋",窜也。自下讼上,患至掇也。

[译]

　　《小象传》说:"不能胜诉,回家后逃掉",就是跑了。以下级而起诉上司,灾难就像随便拣来一样容易。

[注]

　　掇,拣拾。

　　六三:食旧德,贞厉。终吉。或从王事,无成。

[译]

　　六三爻:享用已有的利益,占问,危险。最终吉利。假如给天子做事,不要说成是自己的成就。

[注]

　　食旧德,享用由于过去的功德而获得的利益,如职位、俸禄等等。

《象》曰:"食旧德",从上吉也。

[译]

　　《小象传》说:"享用已有的利益",顺从上级是吉祥的。

　　九四:不克讼,复即命渝,安贞吉。

[译]

　　九四爻:不能胜诉,回头就改变初衷,安于守正,吉祥。

[注]

命,当初起诉的决定。

《象》曰:"复即命渝",安贞不失也。

[译]

《小象传》说:"回头就改变初衷",安于守正不出过失。

九五:讼,元吉。

[译]

九五爻:诉讼,本来就吉利。

《象》曰:"讼元吉",以中正也。

[译]

《小象传》说:"诉讼本来就吉利",因为他处心中正。

上九:或锡之鞶带,终朝三褫之。

[译]

上九爻:假如被赏予大腰带,一次朝会就几次被剥夺。

[注]

锡,赏赐。鞶带,大腰带。朝,朝会,即朝廷上例行的御前会议。三,多次。褫,剥夺。

《象》曰:以讼受服,亦不足敬也。

[译]

《小象传》说:因为诉讼而受赏赐服饰,就不值得尊敬。

七　师

[**解题**]师,群众,军队。本卦讲如何得到群众信任以及如何管理军队、如何作战等问题。

䷆(坎下坤上)师

贞,丈人吉,无咎。

[**译**]

兴师动众,占问,德高威重者吉利,无过无灾。

[**注**]

丈人,有威严的人。一说为大人。

《彖》曰:师,众也。贞,正也。能以众正,可以王矣[1]。刚中而应[2],行险而顺,以此毒天下[3],而民从之,吉,又何咎矣!

[**译**]

《彖传》说:师,就是群众。贞,就是正。能使群众归向正道,就可以统治天下了。阳刚在中位又有响应,在危险中行动却能顺利,以此役使天下人,并且民众服从,吉利,还有什么过失和灾难呢!

[**注**]

① 王,做天下人的王。

② 指九二居中位,六五响应。

③ 毒,役使,治理。

《象》曰：地中有水，师。君子以容民畜众。

[译]

《大象传》说：地中有水，其象征是师卦。君子据此宽容人民，畜养部众。

[注]

上卦坤为地，下卦坎为水，所以是"地中有水"。

初六：师出以律，否臧，凶。

[译]

初六爻：军队出征要以纪律约束，否则，凶险。

《象》曰："师出以律"，失律凶也。

[译]

《小象传》说："军队出征要以纪律约束"，丢掉纪律就有凶险。

[注]

一说"律"为音律。是说出兵时要用音律进行占卜活动。

九二：在师中，吉，无咎。王三锡命。

[译]

九二爻：在军队做主帅，吉利，没过无灾。天子多次发布委任令。

[注]

在师中，在军队中居于中心地位，指主帅。

《象》曰："在师中吉"，承天宠也。"王三锡命"，怀万邦也。

[译]

《小象传》说："在军队做主帅，吉利"，是承受着天子的宠爱。"天子多次发布委任令"，是为了使所有的国家服从。

[注]

天，此处指天子。天子代上天治理天下，天子的宠爱就是上天的宠爱。

六三：师或舆尸，凶。

[译]

六三爻：假如军队中大车载着尸体，就是战败了。

[注]

此处的凶就是战败。

《象》曰："师或舆尸"，大无功也。

[译]

《小象传》说："假如军队中大车载着尸体"，是强调出兵没有战胜。

[注]

无功，打了败仗。

六四：师左次，无咎。

[译]

六四爻：军队退却，无过无灾。

[注]

左，降，退。次，停止，处所。

《象》曰:"左次无咎",未失常也。

[译]

《小象传》说:"退却无过无灾",是没有失去常规。

六五:田有禽,利执言,无咎。长子帅师,弟子舆尸,贞,凶。

[译]

六五爻:田野里有禽兽,应该如实报告,无过无灾。长子做统帅,次子用车拉死尸,占问,凶险。

[注]

弟子,次子。

《象》曰:"长子帅师",以中行也。"弟子舆尸",使不当也。

[译]

《小象传》说:"长子做统帅",是以居中位的身份行事。"次子用车拉死尸",是用人不当。

上六:大君有命,开国承家,小人勿用。

[译]

上六爻:天子有命令,无论是开创国家还是继承遗业,都不要任用小人。

[注]

大君,天子。

《象》曰:"大君有命",以正功也。"小人勿用",必乱邦也。

[译]

《小象传》说："天子有命令"，是要论定功劳。"不要任用小人"，因为小人一定要使国家动乱。

八　比

[**解题**]比，依附，亲近，结党。本卦讲述应该依附、亲近谁人和如何依附、亲近。

䷇（坤下坎上）比

吉。原筮，元永贞，无咎。不宁方来，后夫凶。

[译]

依附，吉利。推敲占筮的过程，开始，是占问依附是否永久？结果是无过无灾。于是觉得不安全的正纷纷前来，后到者，凶。

《彖》曰：比，吉也[1]。比，辅也，下顺从也。"原筮，元永贞，无咎"，以刚中也[2]。"不宁方来"，上下应也[3]。"后夫凶"，其道穷也。

[译]

《彖传》说：比，吉利。比，就是辅佐啊，就是说下级要顺从啊。"推敲占筮的过程，开始就决心永远守正，无过无灾"，因为阳刚居于中位。"觉得不安全的正纷纷前来"，是上下响应。"后到者凶"，因为他无路可走了。

[注]

① 也，四库本认为，也字衍。

② 刚中,指九五阳爻。

③ 上下应,指九五爻与六二爻对应。

《象》曰:地上有水,比。先王以建万国,亲诸侯。

[译]

《大象传》说:地上有水,其象征是比卦。先王据此创建万国,亲近诸侯。

[注]

下卦坤为地,上卦坎为水,所以是"地上有水"。先王,已故的天子。万国,众多的诸侯国。

初六:有孚,比之,无咎。有孚盈缶,终来有它吉。

[译]

初六爻:有诚信,依附他,无过无灾。有诚信充满全身,最终还有其他吉祥。

[注]

盈缶,充满瓦罐,形容诚信充满全身。

《象》曰:比之初六,有它吉也。

[译]

《小象传》说:比卦的初六爻,还有其他的吉祥啊。

六二:比之自内,贞,吉。

[译]

六二爻:依附是出自内心,占问,吉祥。

《象》曰："比之自内"，不自失也。

[译]

《小象传》说："依附是出自内心"，就不失落自我。

六三：比之匪人。

[译]

六三爻：依附了不该依附的人。

《象》曰："比之匪人"，不亦伤乎！

[译]

《小象传》说："依附了不该依附的人"，不是很痛苦的事吗！

六四：外比之，贞，吉。

[译]

六四爻：亲近外人，占问，吉祥。

《象》曰：外比于贤，以从上也。

[译]

《小象传》说：亲近外面的贤者，为的是一同追随君上。

九五：显比。王用三驱，失前禽，邑人不诫，吉。

[译]

九五爻：光明正大的依附。天子三面合围驱赶，跑失了前面的禽兽，当地民众没有警惕戒备，吉祥。

《象》曰：显比之吉，位正中也。舍逆取顺，失前禽也。

“邑人不诫”，上使中也。

[译]

　　《小象传》说：光明正大依附之所以吉利，因为居于正位中位的缘故。舍弃不顺从的，只要顺从的，所以就跑失了前面的禽兽。“当地民众没有警惕戒备”，由于君上对人没有偏向。

　　上六：比之无首，凶。

[译]

　　上六爻：结党的人们没有头领，凶。

　　《象》曰：“比之无首”，无所终也。

[译]

　　《小象传》说：“结党的人们没有头领”，不会有什么好下场。

九　小畜

　　[解题]小畜，小的聚集。本卦讲述有关小规模聚集的问题。

☰（乾下巽上）小畜

　　亨。密云不雨，自我西郊。

[译]

　　小规模聚集，进行沟通。暗云密集但不下雨，到了我的城西。

　　《彖》曰：小畜，柔得位而上下应之[①]，曰小畜。健而巽，刚中而志行[②]，乃亨。“密云不雨”，尚往也。“自我西郊”,施未行也。

[译]

　　《象传》说：小畜，柔顺者得居正位而且上下响应，称为小畜。刚健又谦逊，刚劲居于中位因而志向得以实现，于是亨通。“暗云密集但不下雨”，是（雨）向上去了。“到了我的城西”，是（雨）没有下来。

[注]

　　①　柔得位，指六四阴爻。上下应之，指六四和其它五个阳爻相应。
　　②　刚中，指九二、九五皆阳爻。

　　《象》曰：风行天上，小畜。君子以懿文德。

[译]

　　《大象传》说：风在天上运行，其象征是小畜。君子据此提高施政水平。

[注]

　　上卦巽为风，下卦乾为天，所以是“风行天上”。懿，美好。文德，与武德相对，此处指施政水平。

　　初九：复自道，何其咎？吉。

[译]

　　初九爻：复归走的是正道，有什么过错？吉利。

　　《象》曰：“复自道”，其义吉也。

[译]

　　《小象传》说：“复归走的是正道”，本来就该是吉祥。

九二:牵复,吉。

[译]

九二爻:被牵引而复归,吉利。

《象》曰:牵复在中,亦不自失也。

[译]

被牵引而复归于中位,也不会失掉自我。

九三:舆说辐,夫妻反目。

[译]

九三爻:车子掉了辐条,夫妻打架吵闹。

[注]

说,脱。反目,谁也不看谁。

《象》曰:"夫妻反目",不能正室也。

[译]

《小象传》说:"夫妻打架吵闹",是不能把家庭关系搞好。

六四:有孚,血去惕出,无咎。

[译]

六四爻:有诚信,因流血而惧怕,不受责备。

《象》曰:有孚惕出,上合志也。

[译]

《小象传》说:有诚信并且产生惧怕,是要与君上的思想一致。

九五：有孚挛如，富以其邻。

[译]

九五爻：有诚信就像绳子拴在一起，富裕是因有个好邻居。

[注]

挛，牵系。

《象》曰："有孚挛如"，不独富也。

[译]

《小象传》说："有诚信就像绳子拴在一起……"，是说不愿独自富裕。

上九：既雨既处，尚德载。妇贞，厉。月几望，君子征，凶。

[译]

上九爻：雨下了，又停了，崇尚德行的积累。妇人占问，危险。月亮快圆了，君子远行，凶。

[注]

云积聚到一定程度才能下雨，德行积累到一定程度才能施予别人，所以看见雨下又停，就想起崇尚德行。处，停止。几，将到。望，农历十五，月亮圆的日子。

《象》曰："既雨既处"，德积载也。"君子征凶"，有所疑也。

[译]

《小象传》说："雨下了，又停了"，说的是德行的积累啊。"君子远行凶险"，是有所疑虑啊。

一〇　履

[**解题**]履,鞋子。指脚踏实地的行走。本卦讲述人如何对待行进中的各种遭遇。

☰(兑下乾上)履

虎尾,不咥人,亨。

[译]

行走中,踩住了老虎尾巴,不咬人。事情顺利。

[注]

亨,通,此处指顺利。

《彖》曰:履,柔履刚也[1]。说而应乎乾[2],是以"履虎尾,不咥人,亨"。刚中正[3],履帝位而不疚,光明也。

[译]

《彖传》说:行走,是柔顺踩着刚劲行走。喜悦并且和乾卦对应,所以"踩住了老虎尾巴,不咬人,事情顺利"。刚劲者居中位正位,占据着天子的位置而不觉愧疚,因为他光明正大啊。

[注]

① 指六三阴爻在九二之上。

② 说,悦。下卦兑为悦。

③ 指九二、九五都是阳爻居中位,而且九五阳爻为正位。

《象》曰:上天下泽,履。君子以辨上下,定民志。

[译]

《大象传》说：上面是天，下面是湖泊，其象征是履卦。君子据此辨别上下，安定民心。

[注]

上卦乾为天，下卦兑为泽，即湖泊，所以是"上天下泽"。

初九：素履往，无咎。

[译]

初九爻：穿朴素的鞋子前往，不受责备。

《象》曰：素履之往，独行愿也。

[译]

《小象传》说：穿朴素鞋子的前往，是要表现那与众不同的心愿。

九二：履道坦坦，幽人贞，吉。

[译]

九二爻：大道平平坦坦，幽人守正，吉祥。

[注]

幽人，幽居之人，比如隐士或深闺妇女。

《象》曰："幽人贞吉"，中不自乱也。

[译]

《小象传》说："幽人守正吉祥"，是由于心中不自我扰乱。

六三：眇能视，跛能履。履虎尾，咥人，凶。武人为于大君。

[译]

六三爻：独眼的能看，跛足的能走。踩住了老虎尾巴，咬人，凶。残暴的人做了天子。

[注]

眇，一目盲。跛，因腿脚有病走路颠簸。武人，崇尚暴力的人。

《象》曰："眇能视"，不足以有明也。"跛能履"，不足以与行也。咥人之凶，位不当也。"武人为于大君"，志刚也。

[译]

《小象传》说："独眼的能看"，不足以称为眼明。"跛足的能走"，不足以和人并行。咬人的凶，是由于地位不当。"残暴的人做了天子"，心肠刚硬。

九四：履虎尾，愬愬，终吉。

[译]

九四爻：踩住了老虎尾巴，哆哆嗦嗦，最终吉利。

《象》曰："愬愬终吉"，志行也。

[译]

《小象传》说："哆哆嗦嗦，最终吉利"，是志向得到了实现。

九五：夬履，贞，厉。

[译]

九五爻：果敢前行，占问，危险。

[**注**]

　　夬,坚决果断。

《象》曰:"夬履贞厉",位正当也。

[**译**]

　　《小象传》说:"果敢前行,占问,危险",由于他正处于危险的地位。

　　上九:视履考祥,其旋元吉。

[**译**]

　　上九爻:观察他的行为,推测他的前途,其中圆满者,最吉。

[**注**]

　　视,观察。履,走过的路,行为的痕迹。考,考察,推测。祥,吉凶祸福。旋,圆,圆满者。

《象》曰:元吉在上,大有庆也。

[**译**]

　　《小象传》说:在上位最吉,是有重大的喜庆。

一一　泰

　　[**解题**]泰,通畅,平安。本卦把对立面的交往作为通畅的主要内容。

☷(乾下坤上)泰

　　小往大来,吉,亨。

[译]

　　通畅，小的走了，大的来了，吉利，亨通。

　　《彖》曰："泰，小往大来，吉，亨。"则是，天地交而万物通也，上下交而其志同也。内阳而外阴，内健而外顺，内君子而外小人，君子道长，小人道消也。

[译]

　　《彖传》说："通畅，小的走了，大的来了，吉利，亨通。"以此为准，天地交合因而万物沟通，上下交往因而志向相同。阳在内部而阴在外部，刚健在内而柔顺在外，君子在内而小人在外，君子之道发扬，小人之道消减。

[注]

　　内(下)卦坤为地、为下、为阴、为顺、为小人；外(上)卦乾为天、为上、为阳、为健、为君子。乾应在上而在下，坤应在下而在上，所以是天地交合，上下交往。内，指朝廷之内；外，指朝廷以外。

　　《象》曰：天地交，泰。后以财成天地之道，辅相天地之宜，以左右民。

[译]

　　《大象传》说：天地交合，其象征是泰卦。天子据此规范天地之道，辅助天地间各种适宜的本性，以此指导民众。

[注]

　　坤为地而处上，乾为天而处下，所以是天地交。后，君主，指作为天子的君主。财，一作裁。财成，剪裁使之不过分，规范运行。宜，适宜。

初九:拔茅茹,以其汇。征,吉。

[译]

初九爻:拔茅草根相连,因为它们同类。前行,吉利。

[注]

茹,相互连结的茅草根。汇,同类。

《象》曰:拔茅征吉,志在外也。

[译]

《小象传》说:拔茅草,前行吉利,因为志在外部。

九二:包荒。用冯河,不遐遗,朋亡。得尚于中行。

[译]

九二爻:包容糟粕渣滓。以此渡河,不有疏远和遗弃,没有帮派。这是能够崇尚中道而行。

[注]

荒,荒秽。冯河,徒步渡河。遐,远。中行,中道而行;中道,符合正道的言行。

《象》曰:包荒得尚于中行,以光大也。

[译]

《小象传》说:包容糟粕,因而能够崇尚中道而行,以此来发扬光大。

[注]

以渡河来发扬包荒、崇尚中行的思想。

九三:无平不陂,无往不复。艰贞无咎。勿恤其孚,于食有福。

[译]

　　九三爻：没有不会倾斜的平地，没有一去不回的事情。困难时坚贞，无过无灾。不要担忧坚贞的效果，一定能获得幸福。

[注]

　　陂，倾斜。恤，担忧。孚，信实，指期待的如期实现。食，享有。

　　《象》曰："无往不复"，天地际也。

[译]

　　《小象传》说："没有一去不回的现象"，这讲的是天地的交往。

[注]

　　无往不复，一作"无平不陂"，当译为"没有不会倾斜的平地……"。

　　六四：翩翩，不富以其邻，不戒以孚。

[译]

　　六四爻：翩翩游荡，不富裕是因为他的邻居，不以诚信互相告诫。

　　《象》曰：翩翩不富，皆失实也。"不戒以孚"，中心愿也。

[译]

　　《小象传》说：翩翩游荡不能富裕，因为他们都不干实事。"不以诚信互相告诫"，是他们心里愿意这样做。

　　六五：帝乙归妹，以祉，元吉。

[译]

　　六五爻：帝乙嫁他的妹妹，因为得到幸福，最吉。

[注]

　　祉，福。

　　《象》曰："以祉元吉"，中以行愿也。

[译]

　　《小象传》说："因为幸福而最吉"，是以中道实现了自己的志愿。

　　上六：城复于隍，勿用师。自邑告命，贞，吝。

[译]

　　上六爻：城墙塌掉到城壕里，不要兴师动众。从城里发布命令，占问，将受羞辱。

[注]

　　复，坍塌。隍，城壕。

　　《象》曰："城复于隍"，其命乱也。

[译]

　　《小象传》说："城墙塌了掉到城壕里"，他的命令乱套了。

一二　否

　　[解题]否（pǐ），闭塞不通，不交往。本卦讲述不交往的种种坏处。

䷋（坤下乾上）否

之匪人，不利君子。贞，大往小来。

[译]

闭塞不通的不合人道，不利于君子。占问，大的去了，小的来了。

[注]

匪人，不合人道，特指男女交合之道。

《彖》曰："否之匪人，不利君子。贞，大往小来。"则是，天地不交而万物不通也，上下不交而天下无邦也。内阴而外阳，内柔而外刚，内小人而外君子。小人道长，君子道消也。

[译]

《彖传》说："闭塞不通的不合人道，不利于君子。占问，大的去了，小的来了。"以此为准，天地不交合万物就不相通，上下不交往天下就不会有国家。阴在内而阳在外，柔顺在内而刚劲在外，小人在内而君子在外。这是小人之道在发扬，而君子之道在消减啊！

《象》曰：天地不交，否。君子以俭德辟难，不可荣以禄。

[译]

《大象传》说：天地不交合，其象征是否卦。君子据此以面临危险时避难，不可以追求荣禄。

[注]

乾为天本来在上，坤为地本来在下，都原样不动，所以是"天地不交"。俭，四库本认为应作险；荣，应作营。

初六:拔茅茹,以其汇。贞,吉,亨。

[译]

初六爻:拔茅草根相连,因为它们同类。占问,吉祥,亨通。

《象》曰:拔茅贞吉,志在君也。

[译]

《小象传》说:拔茅草占问吉祥,因为他的心在君主身上。

六二:包承,小人吉,大人否。亨。

[译]

六二爻:包容和承受,小人吉利,大人行不通。进行沟通。

《象》曰:"大人否,亨",不乱群也。

[译]

《小象传》说:"……大人行不通。进行沟通。"是说小人、大人的界限不混淆。

六三:包羞。

[译]

六三爻;忍受羞辱。

《象》曰:"包羞",位不当也。

[译]

《小象传》说:"忍受羞辱",是地位不适当。

九四:有命无咎。畴离祉。

[译]

九四爻:有君主的命令,无过无灾。同伙攀附这福气。

[注]

畴,同类。离,附丽。

《象》曰:"有命无咎",志行也。

[译]

《小象传》说:"有君主的命令,无过无灾",因为志向实现了。

九五:休否,大人吉。其亡其亡,系于苞桑。

[译]

九五爻:停止闭塞不通,大人吉利。会灭亡吗,会灭亡吗,好像拴在桑树根上一样稳当。

《象》曰:大人之吉,位正当也。

[译]

《小象传》说:大人的吉利,是由于地位正当。

上九:倾否。先否后喜。

[译]

上九爻:倾覆闭塞不通。先闭塞不通,然后欢喜。

《象》曰:否终则倾,何可长也!

[译]

《小象传》说:闭塞不通到达终点就要被倾覆,怎么能够久长!

一三　同人

[**解题**]同人,和别人的步调相同。本卦讲述了在不同场合和大家步调一致的不同情况。

☲(离下乾上)同人

于野,亨。利涉大川,利君子贞。

[译]

在野外和大家步调一致,就会亨通。宜于涉渡大河,宜于君子占问。

《彖》曰:同人,柔得位得中①,而应乎乾,曰同人。同人曰:"同人于野,亨,利涉大川。"乾行也。文明以健,中正而应②,君子正也。唯君子为能通天下之志。

[译]

《彖传》说:和大家步调一致的意思是,阴柔得到了自己的位置并且是得到中位,因而响应刚健的乾卦,叫做和大家步调一致。同人卦说:"在野外和大家步调一致,就会亨通,宜于涉渡大河。"是和刚健的乾行为一致。文教昌明又健动,处心中正能响应,这是君子的端正。只有君子能够使天下人的意志相通。

[注]

①　柔得位得中,指六二阴爻居中位。

②　文明以健,指乾卦;中正而应,指六二阴爻。文明,文治昌明;文治,与武功相对。

《象》曰：天与火，同人。君子以类族辨物。

[译]

《大象传》说：天与火，其象征是同人卦。君子据此分别宗族、辨别事物。

[注]

上卦乾为天，下卦离为火，所以是"天与火"。

初九：同人于门，无咎。

[译]

初九爻：在门口和大家步调一致，不受责备。

《象》曰：出门同人，又谁咎也？

[译]

《小象传》说：出门就和大家步调一致，还有谁来责备呢？

六二：同人于宗，吝。

[译]

六二爻：在宗族内和大家步调一致，要受羞辱。

《象》曰："同人于宗"，吝道也。

[译]

《小象传》说："在宗族内和大家步调一致"，是遭受羞辱的做法。

九三：伏戎于莽，升其高陵，三岁不兴。

[译]

九三爻：伏兵于草丛之中，登上高岗瞭望，三年不敢发动。

《象》曰:"伏戎于莽",敌刚也。"三岁不兴",安行也?

[译]

《小象传》说:"伏兵于草丛之中",因为敌人强大啊。"三年不敢发动",他怎么敢动?

九四:乘其墉,弗克攻,吉。

[译]

九四爻:登上城墙,没能攻开城,吉利。

[注]

墉,城墙。

《象》曰:"乘其墉",义弗克也。其吉,则困而反则也。

[译]

《小象传》说:"登上城墙",本来就不能攻开城。这样做之所以吉利,是由于在困窘时回归原则。

九五:同人,先号咷而后笑,大师克相遇。

[译]

九五爻:和大家步调一致,先嚎啕大哭,然后哈哈大笑。大军战胜以后相遇。

《象》曰:同人之先,以中直也。大师相遇,言相克也。

[译]

《小象传》说:和大家步调一致之初的嚎啕,因为中正而刚直。大军相遇,说的是战胜了。

上九：同人于郊，无悔。

[译]

上九爻：在郊外和大家步调一致，没有悔恨。

《象》曰："同人于郊"，志未得也。

[译]

《小象传》说："在郊外和人步调一致……"，因为志向没有实现。

一四　大有

[解题]大有，大拥有，拥有最重大的东西。本卦讲述的就是古代社会那些最重大的所有。

䷍（乾下离上）大有

元，亨。

[译]

大拥有，开始，先进行沟通。

《彖》曰：大有，柔得尊位，大中而上下应之，曰大有。其德刚健而文明，应乎天而时行，是以元亨。

[译]

《彖传》说：大拥有，柔顺得居尊位，处于最重要的中位而且上下都响应它，这就是大有。它的品质刚健又文治昌明，顺应上天并且按时行动，所以最亨通。

[注]

六五阴爻就是"柔得尊位"。五阳归属它，所以是大拥有。"其德"，它的品质。

《象》曰：火在天上，大有。君子以遏恶扬善，顺天休命。

[译]

《大象传》说：火在天上，其象征是大有。君子据此抑恶扬善，顺从上天美好的命令。

[注]

上卦离为火，下卦乾为天，所以是"火在天上"。休，美好。

初九：无交害，匪咎。艰则无咎。

[译]

初九爻：没有互相损害的事，就不是过错。艰难之中就会无过无灾。

《象》曰：大有初九，无交害也。

[译]

《小象传》说：大有的初九爻，说的是没有互相损害。

九二：大车以载，有攸往，无咎。

[译]

九二爻：用大车装载，无论到什么地方，都会无过无灾。

《象》曰："大车以载"，积中不败也。

[译]

　　《小象传》说："用大车装载……"，因为放在当中，所以不会失败。

[注]

　　积中，积于中。车大，被载之物可以放在中间。

　　九三：公用亨于天子，小人弗克。

[译]

　　九三爻：公爵有贡品献给天子，小人不能。

[注]

　　亨，通享，献的意思。《左传·僖公二十五年》，晋文公与秦国作战，曾占到此卦"公用享于天子"。意思是说，如果得胜，可以把战果归于天子。克，能够。

　　《象》曰："公用亨于天子"，小人害也。

[译]

　　《小象传》说："公爵有贡品献给天子"，是小人的灾难。

　　九四：匪其彭，无咎。

[译]

　　九四爻：不以兴盛自居，无过无灾。

[注]

　　匪，非。彭，鼓声，借以形容兴盛的样子。一说彭为尪，即男巫或邪曲之人。

　　《象》曰："匪其彭无咎"，明辩晢也。

[译]

《小象传》说："不以兴盛自居，无过无灾"，是精通事理而明智。

[注]

晢，明察，睿智。

六五：厥孚交如，威如，吉。

[译]

六五爻：他的信义昭著啊，威风凛凛啊，吉利。

[注]

交，通皎。

《象》曰："厥孚交如"，信以发志也。威如之吉，易而无备也。

[译]

《小象传》说："他的信义昭著啊"，这是用信誉发扬自己的志向。威风凛凛的吉利，是因为人太随便就会不被防备。

[注]

易，简单、随便。

上九：自天佑之，吉，无不利。

[译]

上九爻：有上天保佑，吉祥，没有任何不利。

《象》曰：大有上吉，自天佑也。

[译]

《小象传》说：大有卦最上一爻仍然吉利，这是有上天的保佑。

一五　谦

[**解题**]谦,谦虚、谦逊、谦恭。本卦赞扬谦虚的各种好处,认为无论天地鬼神还是人,都喜欢谦虚。

䷏(艮下坤上)谦

　　亨。君子有终。

[译]

　　谦虚,进行沟通。君子有好结局。

《彖》曰:谦,亨,天道下济而光明,地道卑而上行。天道亏盈而益谦,地道变盈而流谦,鬼神害盈而福谦,人道恶盈而好谦。谦,尊而光,卑而不可逾,君子之终也。

[译]

　　《彖传》说:谦虚,亨通,天道是恩惠下施而大放光明,地道是居于卑下而向上行动。天道减损盈满来补益谦虚,地道改变盈满来传播谦虚,鬼神损害盈满来福佑谦虚,人道憎恶盈满而喜好谦虚。谦虚,尊贵而光荣,卑下而不可逾越,这是君子的归宿啊。

《象》曰:地中有山,谦。君子以裒多益寡,称物平施。

[译]

　　《大象传》说:地中有山,其象征是谦卦。君子据此损减盛多而补益寡少,权衡事物而公平施予。

[注]

上卦坤为地,下卦艮为山,所以是"地中有山"。

初六:谦谦君子,用涉大川,吉。

[译]

初六爻:谦虚而又谦虚的君子,以此去涉渡大河,吉利。

《象》曰:"谦谦君子",卑以自牧也。

[译]

《小象传》说:"谦虚而又谦虚的君子",用谦卑来制约自己。

六二:鸣谦,贞,吉。

[译]

六二爻:知名的谦虚,占问,吉利。

[注]

鸣,声名在外。

《象》曰:"鸣谦贞吉",中心得也。

[译]

《小象传》说:"知名的谦虚,占问吉利",是心中确实谦虚。

[注]

中心,即心中。得,确有所得。

九三:劳谦,君子有终,吉。

[译]

九三爻:有功劳而谦虚,君子有好结局,吉利。

　　《象》曰:劳谦君子,万民服也。

[译]

　　《小象传》说:有功劳而谦虚的君子,所有的民众都服气啊。

　　六四:无不利,撝谦。

[译]

　　六四爻:无所不利,发挥谦虚。

[注]

　　撝,处处运用,发挥。

　　《象》曰:"无不利撝谦",不违则也。

[译]

　　《小象传》说:"无所不利,发挥谦虚",是不违背规则啊!

　　六五:不富以其邻,利用侵伐,无不利。

[译]

　　六五爻:不富有,是因为它的邻居,宜于兴兵讨伐,无所不利。

　　《象》曰:"利用侵伐",征不服也。

[译]

　　《小象传》说:"宜于兴兵讨伐",是进攻那不肯归服的。

　　上六:鸣谦,利用行师,征邑国。

[译]

　　上六爻:知名的谦虚,利于兴兵,进攻别的城邦国家。

《象》曰：鸣谦，志未得也。可用行师，征邑国也。

[译]

《小象传》说：知名谦虚，志向未能实现。可以兴兵，去进攻别的城邦国家。

一六　豫

[**解题**]豫，欢乐，舒畅。本卦讲述欢乐的重要作用以及如何对待欢乐。

䷏（坤下震上）豫

利建侯行师。

[译]

欢畅，利于封建诸侯，兴兵作战。

《彖》曰：豫，刚应而志行[①]，顺以动[②]，豫。豫，顺以动，故天地如之，而况建侯行师乎？天地以顺动，故日月不过而四时不忒。圣人以顺动，则刑罚清而民服。豫之时义大矣哉！

[译]

《彖传》说：欢畅，阳刚响应因而志向实现，顺情而行动，欢畅。欢畅，顺情而行动，所以天地也如此，何况封建诸侯、兴兵作战呢？天地根据顺应的原则行动，所以日月不过度而四季不错位。圣人根据顺应的原则行动，就会司法公正因而民众服从。欢畅时期，意义是非常深远的啊！

[注]

① 刚应，指九四阳爻和初六阴爻相应。

② 下卦坤为顺，上卦震为动，所以是"顺以动"。

《象》曰：雷出地奋，豫。先王以作乐崇德，殷荐之上帝，以配祖考。

[译]

《大象传》说：雷声响起，大地振奋，其象征是豫卦。先王据此创作乐曲，颂扬功德，隆重地进献给上帝，让已故的祖先和上帝共享。

[注]

上卦震为雷，下卦坤为地，所以说"雷出地奋"。

初六：鸣豫，凶。

[译]

初六爻：享乐出了名，凶。

《象》曰：初六鸣豫，志穷凶也。

[译]

《小象传》说：初六爻说的享乐出了名，是心愿满足到极点而带来的凶啊。

六二：介于石，不终日，贞，吉。

[译]

六二爻：像岩石一样坚定不移，不到一天完了，占问，吉利。

[注]

介，坚定不移。

《象》曰:"不终日贞吉",以中正也。

[译]

　　《小象传》说:"……不到一天完了,占问就吉利",因处心公平正直。

[注]

　　中正,指六二阴爻得正位、中位。象征人处心行事公平正直,或处于重要位置。

　　六三:盱豫,悔迟,有悔。

[译]

　　六三爻:眼巴巴地看着别人享乐,觉悟得晚,就一定悔恨。

[注]

　　盱(xū),睁大眼睛朝上看。

　　《象》曰:盱豫有悔,位不当也。

[译]

　　《小象传》说:"眼巴巴地看着别人享乐",是自己没有适当的地位啊。

　　九四:由豫,大有得。勿疑,朋盍簪。

[译]

　　九四爻:由此而欢乐,大有收获。不必疑虑,朋友们会很快到来。

[注]

　　盍,集合。簪,迅速。

《象》曰:"由豫大有得",志大行也。

[译]

《小象传》说:"由此而欢乐,大有收获",是志向充分地实现了。

六五:贞疾,恒不死。

[译]

六五爻:占问疾病,离死还远着呢。

[注]

恒,此处的意思是时间还长。

《象》曰:六五贞疾,乘刚也。"恒不死",中未亡也。

[译]

《小象传》说:六五爻占问疾病,因为它凌驾于阳刚之上。"离死尚远",因为心还在跳。

[注]

本爻也象征尚居于重要的中位,因而不会很快灭亡。

上六:冥豫,成有渝,无咎。

[译]

上六爻:糊里糊涂地欢乐,形成以后如能改变,就无过无灾。

《象》曰:冥豫在上,何可长也?

[译]

《小象传》说:"糊里糊涂地欢乐",怎么能够久长?

一七　随

[**解题**]随,随从,追随。本卦讲述随从和追随别人时遇到的种种问题。

䷐(震下兑上)随

元,亨,利贞。无咎。

[译]

追随,开始,先行沟通,利于占问。无过无灾。

《彖》曰:随,刚来而下柔[1],动而说[2],随。大亨,贞[3],无咎,而天下随时。随时之义大矣哉!

[译]

《彖传》说:追随,阳刚前来处于阴柔之下,健动而又喜悦,就是追随。大亨通,利于坚贞,无过无灾,而天下所追随的,是时宜。追随时宜,其意义是非常伟大的啊。

[注]

① 随上卦兑为阴卦,下卦震为阳卦,所以是"刚来下柔"。

② 说,即悦。震为动,兑为悦,所以是"动而悦"。

③ 四库本认为,贞前脱利字。

《象》曰:泽中有雷,随。君子以向晦入宴息。

[译]

《大象传》说:泽中有雷,其象征是随卦。君子据此向晚而入室休息。

［注］

　　上卦兑为泽，下卦震为雷，所以说"泽中有雷"。

　　初九：官有渝，贞，吉。出门交有功。

［译］

　　初九爻：管事的有改变，占问，吉祥。到外边做事，连连成功。

　　《象》曰："官有渝"，从正吉也。"出门交有功"，不失也。

［译］

　　《小象传》说："管事的有改变"，追随正道吉祥。"到外边做事连连成功"，因为没有过失。

　　六二：系小子，失丈夫。

［译］

　　六二爻：拴住小子，丢掉了丈夫。

　　《象》曰："系小子"，弗兼与也。

［译］

　　《小象传》说："拴住了小子……"，因为不能兼顾啊。

　　六三：系丈夫，失小子。随有求得。利居贞。

［译］

　　六三爻：拴住丈夫，丢掉了小子。追随而有所求，必得。利于坚守正道。

《象》曰：“系丈夫”，志舍下也。

[译]

《小象传》说：“拴住丈夫……”，是立志抛弃卑下的小人。

九四：随有获，贞，凶。有孚在道以明，何咎？

[译]

九四爻：追随而有收获，占问，凶险。有诚信，走正道，以此表明，有什么过错？

《象》曰：“随有获”，其义凶也。“有孚在道”，明功也。

[译]

《小象传》说：“追随而有收获”，这样做本来就凶险。“有诚信走正道……”，是表明功劳。

九五：孚于嘉，吉。

[译]

九五爻：真诚地追随美善，吉利。

[注]

嘉，美善。

《象》曰：“孚于嘉吉”，位正中也。

[译]

《小象传》说：“真诚地追随美善，吉利”，因为他处于正当而重要的中位。

上六：拘系之，乃从维之，王用亨于西山。

[译]

上六爻：紧紧地追随他，又用绳子拴住他，天子在西山举行祭祀。

《象》曰："拘系之"，上穷也。

[译]

《小象传》说："紧紧地追随他……"，这是上位者到了穷途末路了。

一八　蛊

[解题]蛊，腹中虫，或咬吃谷物使之成为空壳的虫子。引申为诱惑人心使事情败坏之人之事。在本卦中，蛊，指麻烦事。本卦讲述的就是面对各种麻烦、特别是父母留下的麻烦该如何对待。

䷑(巽下艮上)蛊

元，亨。利涉大川。先甲三日，后甲三日。

[译]

麻烦事，开始，先行沟通。宜于涉渡大河。（时间在）甲前三日，甲后三日。

[注]

甲，古代记日的第一个符号。其下依次为：乙、丙、丁、戊、己、庚、辛、壬、癸。十个符号周而复始。甲前三日为辛日，甲后三日为丁日。

《彖》曰：蛊，刚上而柔下[①]，巽而止[②]，蛊。蛊元亨，而

天下治也。“利涉大川”，往有事也。“先甲三日，后甲三
日”，终则有始，天行也。

[译]

《彖传》说：麻烦事，阳刚在上而阴柔在下，卑顺而息止，麻
烦。有麻烦之后开始亨通，天下就治理好了。“宜于涉渡大
河”，是要前去做事。“甲前三日，甲后三日”，这是终而复始，天
体的运行。

[注]

① 上卦艮为阳卦，下卦巽为阴卦，所以是“刚上而柔下”。
② 止，上卦艮为止。

《象》曰：山下有风，蛊。君子以振民育德。

[译]

《大象传》说：山下有风，其象征是蛊卦。君子据此以振刷
民风，培育德行。

[注]

上卦艮为山，下卦巽为风，所以是“山下有风”。

初六：干父之蛊，有子，考无咎。厉终吉。

[译]

初六爻：矫治父亲的麻烦事，是好儿子，父亲可以不受责备。
危险，终究吉利。

[注]

干，担当，做骨干，引申为矫正和治理。考，已故的父亲。古代
父亲健在也称考。

《象》曰："干父之蛊"，意承考也。

[译]

　　《小象传》说："矫治父亲的麻烦事"，目的是要继承父亲的事业。

九二：干母之蛊，不可贞。

[译]

　　九二爻：矫治母亲的麻烦事，不可坚贞。

[注]

　　即不可强硬。

《象》曰："干母之蛊"，得中道也。

[译]

　　《小象传》说："矫治母亲的麻烦事……"，是符合中道的。

九三：干父之蛊，小有悔，无大咎。

[译]

　　九三爻：矫治父亲的麻烦事，有些小悔恨，没有大麻烦。

《象》曰："干父之蛊"，终无咎也。

[译]

　　《小象传》说："矫治父亲的麻烦事"，到底不会有什么事。

六四：裕父之蛊，往见吝。

[译]

　　六四爻：宽容父亲的麻烦事，这样下去要受羞辱。

《象》曰:"裕父之蛊",往未得也。

[译]

《小象传》说:"宽容父亲的麻烦事……",是处事不当。

六五:干父之蛊,用誉。

[译]

六五爻:矫治父亲的麻烦事,获得了赞誉。

《象》曰:干父用誉,承以德也。

[译]

《小象传》说:矫治父亲的麻烦事获得了赞誉,是因为继承了父亲的德行。

上九:不事王侯,高尚其事。

[译]

上九爻:不为天子诸侯服务,觉得自己行为高尚。

《象》曰:"不事王侯",志可则也。

[译]

《小象传》说:"不为天子诸侯服务",这样的志向值得学习。

一九　临

[解题]临,监视,特指上级监视下级,转义为治理。本卦讲述治理民众的一些问题。

䷒（兑下坤上）临

元,亨,利贞。至于八月有凶。

[译]

临,开始,先行沟通,宜于占问。到了八月将有大祸发生。

《彖》曰:临,刚浸而长[1],说而顺[2],刚中而应[3],大亨以正,天之道也。"至于八月有凶",消,不久也。

[译]

《彖传》说:临,阳刚逐渐成长,喜悦又温顺,阳刚居于中位并且得到响应,非常亨通又行为端正,这是天道啊。"到了八月将有大祸发生",是说要消亡,不会长久了。

[注]

① 刚浸而长,指下卦初二皆阳爻。

② 说,即悦。下卦兑为悦,上卦坤为顺,所以是悦而顺。

③ 刚中而应,指九二阳爻和六五阴爻相应。

《象》曰:泽上有地,临。君子以教思无穷,容保民无疆。

[译]

《大象传》说:泽上有地,其象征是临卦。君子据此永不停止地思考教化问题,包容和保护天下广大的民众。

[注]

上卦坤为地,下卦兑为泽,所以是泽上有地。

初九:咸临,贞,吉。

[译]

初九爻:以感化的方式治理,占问,吉利。

[注]

咸,感。

《象》曰:"咸临贞吉",志行正也。

[译]

《小象传》说:"用感化的方式治理,占问,吉利",是立志实行正道。

九二:咸临,吉,无不利。

[译]

九二爻:以感化的方式治理,吉利,无所不利。

《象》曰:"咸临吉无不利",未顺命也。

[译]

《小象传》说:"以感化的方式治理,吉利,无所不利",由于没有顺从命令。

六三:甘临,无攸利。既忧之,无咎。

[译]

六三爻:用甜言蜜语治理,没有什么好处。不久就忧虑此事,没有灾难。

[注]

既,既而。

《象》曰:"甘临",位不当也。"既忧之",咎不长也。

［译］

　　《小象传》说："用甜言蜜语治理"，是没有适当的地位。"不久就忧虑此事"，灾难就不会久长。

　　六四：至临，无咎。

［译］

　　六四爻：亲自治理，无过无灾。

　　《象》曰："至临无咎"，位当也。

［译］

　　《小象传》说："亲自治理，无过无灾"，是位置适当。

　　六五：知临，大君之宜，吉。

［译］

　　六五爻：以智慧治理，是天子所适用的，吉利。

［注］

　　知，即智。

　　《象》曰："大君之宜"，行中之谓也。

［译］

　　《小象传》说："……是天子所适用的"，说的是实行中道。

　　上六：敦临，吉，无咎。

［译］

　　上六爻：以敦厚的方式治理，吉利，无过无灾。

《象》曰：敦临之吉，志在内也。

[译]

《小象传》说：敦厚治理的吉利，是把心思用在内部。

二〇　观

[解题] 观，观看、视察、瞻仰、观礼，都叫做观。本卦讲不同的人有不同的观察。

☴(坤下巽上)观

　盥而不荐，有孚颙若。

[译]

　观察，洗手而没有进献酒食，就十分虔诚庄严。

[注]

　盥，开始祭祀时的净手仪式。荐，进献酒食。颙若，庄严肃穆的样子。一说盥为以酒灌地，是祭祀中最值得瞻仰的阶段。

《象》曰：大观在上。顺而巽，中正以观天下，观。"盥而不荐，有孚颙若"，下观而化也。观天之神道，而四时不忒。圣人以神道设教，而天下服矣！

[译]

《彖传》说：值得观看的在上面。温顺又谦逊，处心公正来观察天下，叫做观。"洗手而没有进献酒食，就十分虔诚庄严"，是下面的因观礼而被感化啊！观察天的神道，是四季运行没有差错。圣人借助神道来教化民众，天下人就信服了。

《象》曰：风行地上，观。先王以省方、观民、设教。

[译]

《大象传》说：风在大地上运行，其象征是观卦。先王据此巡视各地，观察民情，进行教化。

[注]

上卦巽为风，下卦坤为地，所以是风行地上。省，视察。方，各个方向，各地。

初六：童观，小人无咎，君子吝。

[译]

初六爻：儿童的观察，小人物不受责备，君子要受羞辱。

[注]

儿童的观察浮浅。

《象》曰：初六童观，小人道也。

[译]

《小象传》说：初六爻儿童的观察，是小人物的行事之道。

六二：窥观，利女贞。

[译]

六二爻：偷看，宜于女子坚贞。

《象》曰：窥观女贞，亦可丑也。

[译]

《小象传》说：偷看女子的贞操，是多么丢丑的事啊！

六三:观我生,进退。

[译]

六三爻:观察我的行为,或进或退。

[注]

我生,我的行为。一说我的臣民。

《象》曰:"观我生,进退",未失道也。

[译]

《小象传》说:"观察我的行为,或进或退",没有丧失正道。

六四:观国之光,利用宾于王。

[译]

六四爻:观看国家的光荣,宜于做天子的宾客。

《象》曰:"观国之光",尚宾也。

[译]

《小象传》说:"观看国家的光荣",这是上等的宾客。

[注]

尚,上。

九五:观我生,君子无咎。

[译]

九五爻:观察我的行为,君子无过无灾。

《象》曰:"观我生",观民也。

[译]

《小象传》说:"观察我的行为",也就是观察民众。

上九:观其生,君子无咎。

[译]

上九爻:观察他的行为,君子无过无灾。

《象》曰:"观其生",志未平也。

[译]

《小象传》说:观察他的行为,心里不平衡。

二一　噬嗑

[**解题**]噬,咬东西。嗑,合。噬嗑,在嘴里咀嚼东西。本卦引申到审案、用刑,并讲述了古代的各种刑罚。

䷔(震下离上)噬嗑

亨。利用狱。

[译]

咀嚼,进行沟通。宜于审案。

[注]

用狱,审案。

《彖》曰:颐中有物,曰噬嗑。噬嗑而亨,刚柔分①,动而明②,雷电合而章③。柔得中而上行④,虽不当位,利用狱也。

[译]

《彖传》说:嘴里有东西,叫咀嚼。咀嚼而亨通,阳刚阴柔均分,运动而且明亮,雷电交加光彩夺目。阴柔得居中位而向上行进,虽然不是她的位置,但利于审案啊。

[注]

① 刚柔分,指本卦阳爻、阴爻数目相等。

② 动而明,下卦震为动,上卦离为明。

③ 雷电合,震为雷,离为火为电。震离成一卦,为雷电合。章,文采鲜明。

④ 六二、六五都是阴爻,是柔得中。

《象》曰:雷电,噬嗑。先王以明罚敕法。

[译]

《大象传》说:雷和电,其象征是噬嗑卦。先王据此以公开处罚罪犯,整顿法令。

[注]

上卦离为明为闪电,下卦震为雷,所以是"雷电"。敕,整顿。

初九:屦校灭趾,无咎。

[译]

初九爻:带上脚枷,砍掉脚趾,不会再出问题了。

[注]

屦,鞋子。校,木制刑具。屦校,穿上木制的刑具。

《象》曰:"屦校灭趾",不行也。

[译]

《小象传》说:"带上脚枷,砍掉脚趾……",因为不能行动了。

六二:噬肤,灭鼻,无咎。

[**译**]

六二爻:咬住皮肤,啃掉鼻子,不受责备。

《象》曰:"噬肤灭鼻",乘刚也。

[**译**]

《小象传》说:"咬住皮肤,啃掉鼻子",是欺凌阳刚啊。

六三:噬腊肉,遇毒,小吝,无咎。

[**译**]

六三爻:吃腊肉,遇毒,有小麻烦,不受责备。

《象》曰:"遇毒",位不当也。

[**译**]

《小象传》说:"遇毒",是地位不适当。

九四:噬干肺,得金矢,利艰贞,吉。

[**译**]

九四爻:吃带骨的干肉,发现了金属箭头,利于艰难情况下坚贞,吉利。

[**注**]

肺,带骨的干肉。

《象》曰:"利艰贞吉",未光也。

[**译**]

《小象传》说:"利于艰难情况下坚贞,吉利。"由于还没有发扬光大。

六五:噬干肉,得黄金,贞,厉,无咎。

[译]

六五爻:吃干肉,发现了黄金,占问,危险,不受责备。

《象》曰:"贞厉无咎",得当也。

[译]

《小象传》说:"占问危险却不受责备",因为处理得当。

上九:何校灭耳,凶。

[译]

上九爻:肩上带枷,弄坏了耳朵,凶。

[注]

何,荷,负担。

《象》曰:"何校灭耳",聪不明也。

[译]

《小象传》说:"肩上带枷,弄坏了耳朵",听觉就不清楚了。

[注]

聪,听觉。

二二　贲

[解题]贲,文饰。人类的生活方式,包括政治、经济制度等等,就是人类的文饰,称为人文。与人文相对的是天文,即日月星辰的布列运行,山河大地的结构,直到草木鸟兽的构造、形态。本卦从整个宇宙、整个人类的文饰,讲到人类在某一方面的具体文饰,阐

述它们的作用。

䷕（离下艮上）贲

　　亨。小利有攸往。

[译]

　　文饰，进行沟通。多少有利于采取行动。

[注]

　　这里的往，指进行文饰。即文饰还是小有好处的。小，一说为不。

《彖》曰：贲，亨。柔来而文刚①，故亨。分刚上而文柔②，故"小利有攸往"。刚柔交错，天文也；文明以止③，人文也。观乎天文，以察时变；观乎人文，以化成天下。

[译]

　　《彖传》说：贲，亨通。阴柔前来文饰阳刚，所以亨通。分出了阳刚向上去文饰阴柔，所以是"多少有利于采取行动"。刚强和柔韧相互交错，这是天文；文饰鲜明使天下安宁，这是人文。观察天文，是为了弄清时势的变化；观察人文，是为了成功地教化天下。

[注]

① 说法不一。一说下卦本是乾，上卦本是坤。坤的上爻来居六二，因此成为上艮下离。所以说是"柔来而文刚"。

② 分刚上而文柔，一种说法认为，乾的中爻向上成了坤的上爻，因此成为下离上艮。其他的说法也都说得通。

③ 下卦离为明，上卦艮为止。文饰鲜明以后就停止，所以是"文明以止"。

《象》曰：山下有火，贲。君子以明庶政，无敢折狱。

[译]

《大象传》说：山下有火，其象征是贲卦。君子据此明确一般的行政措施，不敢审案用刑。

[注]

上卦艮为山，下卦离为火，所以是"山下有火"。

初九：贲其趾，舍车而徒。

[译]

初九爻：文饰他的脚，下车步行。

《象》曰："舍车而徒"，义弗乘也。

[译]

《小象传》说："下车步行"，本来就不该乘车的。

六二：贲其须。

[译]

六二爻：文饰他的胡须。

《象》曰："贲其须"，与上兴也。

[译]

《小象传》说："文饰胡须"，是要与上面一起行动。

[注]

兴，兴起。

九三：贲如濡如，永贞吉。

[译]

九三爻:多么华丽啊,多么水灵啊,永远坚贞,吉利。

[注]

濡,打湿。

《象》曰:永贞之吉,终莫之陵也。

[译]

《小象传》说:永远坚贞的吉利,始终无人敢于欺凌。

六四:贲如皤如,白马翰如。匪寇,婚媾。

[译]

六四爻:多么华丽啊,多么白净啊,白马像鸟儿一样地飞跑啊。不是贼寇,是迎亲的人儿。

[注]

皤,白。翰,鸟。

《象》曰:六四当位,疑也。"匪寇婚媾",终无尤也。

[译]

《小象传》说:六四爻位置适当,对此产生了怀疑。"不是贼寇,是迎亲的人儿",到底没有过失。

[注]

尤,过失。

六五:贲于丘园,束帛戋戋。吝,终吉。

[译]

六五爻:装饰贫寒的家园,束扎的丝帛少得可怜。有点丢人,但最终吉利。

[注]

　　丘园,山丘上的园子。戋戋,少的样子。

《象》曰:六五之吉,有喜也。

[译]

　　《小象传》说:六五爻的吉利,是有了喜事啊。

　　上九:白贲,无咎。

[译]

　　上九爻:不文饰,无过无灾。

[注]

　　白,素白,不文饰。

《象》曰:"白贲无咎",上得志也。

[译]

　　《小象传》说:"不文饰,无过无灾",是居于上位,实现了志向。

二三　剥

　　[解题]剥,割取,剥去。本卦讲述有关剥落的一些问题。

▤(坤下艮上)剥

　　不利有攸往。

[译]

　　剥落,不利于有所行动。

《彖》曰：剥，剥也，柔变刚也①。"不利有攸往"，小人长也。顺而止之②，观象也。君子尚消息盈虚，天行也。

[译]

《彖传》说：剥去，就是割取的意思，阴柔变成了阳刚啊。"不利于有所行动"，因为小人在管事啊。温顺并且止步不前，是要观察情况啊。君子重视消长盛衰的变化，因为这是天的运行啊。

[注]

① 本卦只有上爻是阳爻，被认为是柔变成了刚。

② 顺而止，下卦坤为顺，上卦艮为止。

《象》曰：山附于地，剥。上以厚下安宅。

[译]

山附着在地上，其象征是剥卦。上司据此厚待下属，使他们安居。

[注]

上卦艮为山，下卦坤为地，所以是"山附于地"。

初六：剥床以足，蔑。贞，凶。

[译]

初六爻：去掉床的脚，全去了。占问，凶。

《象》曰："剥床以足"，以灭下也。

[译]

《小象传》说："去掉床的脚"，就是消灭了基础。

六二：剥床以辨，蔑。贞，凶。

[译]

六二爻：去掉床的腿，全去完。占问，凶。

[注]

辨，床足之上，床身之下，指床腿。

《象》曰："剥床以辨"，未有与也。

[译]

《小象传》说："去掉床的腿"，就没有支持了。

六三：剥之，无咎。

[译]

六三爻：去掉它，无过无灾。

《象》曰："剥之无咎"，失上下也。

[译]

《小象传》说："去掉它，无过无灾"，因为摆脱了上下。

六四：剥床以肤，凶。

[译]

六四爻：去掉床板，凶。

[注]

以前注家多认为肤指人的皮肤。和初、二联系起来看，以指床板较妥。

《象》曰："剥床以肤"，切近灾也。

[译]

　　《小象传》说："去掉床板"，非常接近灾祸了。

　　六五：贯鱼以宫人宠，无不利。

[译]

　　六五爻：有次序地宠幸后妃们，没有什么不利。

[注]

　　贯鱼，即鱼贯，鱼群游动时一个接着一个，象征次序。宠，古代君主和后（主妻）妃（次妻）们做爱，这被认为是君主给予后妃们的恩惠和幸福，所以又称宠幸或简称幸。

　　《象》曰："以宫人宠"，终无尤也。

[译]

　　《小象传》说："宠幸后妃们"，终究没有什么过失。

　　上九：硕果不食。君子得舆，小人剥庐。

[译]

　　上九爻：丰硕的果实不吃。君子得到了车子，小人就扒人房屋。

[注]

　　得舆，比喻君子居上位得到拥护。剥庐，是说小人居上位就要扒掉民众们的房子。

　　《象》曰："君子得舆"，民所载也。"小人剥庐"，终不可用也。

[译]

　　《小象传》说："君子得到车子"，是民众所承载的啊。"小人就扒人房屋”，所以始终不能用他。

二四　复

[**解题**]复，复归、反复。本卦讲述复归或者反复的一些道理。

䷗（震下坤上）复

亨。出入无疾，朋来无咎。反复其道，七日来复。利有攸往。

[译]

复归，进行沟通。出入没有疾病，朋友到来，无过无灾。在路上来来往往，七天就回来了。宜于有所行动。

《彖》曰：复，亨。刚反，动而以顺行，是以“出入无疾，朋来无咎”。“反复其道，七日来复”，天行也。“利有攸往”，刚长也。复，其见天地之心乎！

[译]

《彖传》说：复归，亨通。阳刚返回，运动按照顺的方向行进，所以“出入没有疾病，朋友到来，无过无灾”。“在路上来来往往，七天就回来”，这是天的运行。“宜于有所行动”，是阳刚在增长。复归，就可以见到天地的心意了吧！

《象》曰：雷在地中，复。先王以至日闭关，商旅不行，后不省方。

[译]

《大象传》说：雷在地中，其象征是复卦。先王到冬至这天就封闭关卡，商人和旅客不能通过，天子也不视察各地。

[注]

　　下卦震为雷，上卦坤为地，所以是"雷在地中"。

　　初九：不远，复，无祗悔，元吉。

[译]

　　初九爻：不远就复归，不会太悔恨，最吉利。

[注]

　　祗，大；一说祗为灾。

　　《象》曰：不远之复，以修身也。

[译]

　　《小象传》说：出离不远的复归，是用来进行道德修养的啊。

[注]

　　不要到铸成大错。

　　六二：休复，吉。

[译]

　　六二爻：复归于美好，吉利。

　　《象》曰：休复之吉，以下仁也。

[译]

　　《小象传》说：复归美好的吉利，是因为他尊重仁德啊。

　　六三：频复，厉，无咎。

[译]

　　六三爻：频繁地复归，危险，但没有灾难。

《象》曰：频复之厉，义无咎也。

[译]

　　《小象传》说：频繁复归的危险，本来就不该有灾难。

　　六四：中行独复。

[译]

　　六四爻：行至半路独自返回。

[注]

　　中行，行至中途。

《象》曰："中行独复"，以从道也。

[译]

　　《小象传》说："行至半路独自返回"，为的是追随正道。

　　六五：敦复，无悔。

[译]

　　六五爻：复归敦厚，无怨无悔。

《象》曰："敦复无悔"，中以自考也。

[译]

　　《小象传》说："复归敦厚，无怨无悔"，这是内心自我考察的
结果。

上六：迷复，凶。有灾眚。用行师，终有大败。以其国君凶，至于十年不克征。

[译]

上六：迷失了复归，凶险。有灾难。如果是行军作战，终究要遭到大败。都是由于国君导致的凶祸，以致于十年之中不能出征。

《象》曰：迷复之凶，反君道也。

[译]

《小象传》说：迷失复归而带来的凶祸，是因为背离了为君之道。

二五　无妄

[**解题**]妄，荒诞、越轨。无妄，就是不荒诞、不越轨。本卦讲述了老实本分的后果，以及在老实本分情况下如果有了灾难，应该如何对待等等。

☳（震下乾上）无妄

元，亨，利贞。其匪正，有眚。不利有攸往。

[译]

不荒诞。开始，先行沟通，利于占问。假如言行不合正道，就有灾殃。不宜于有所行动。

《彖》曰：无妄，刚自外来[①]，而为主于内。动而健，刚中而应[②]，大亨以正，天之命也。"其匪正有眚，不利有攸往"，无妄之往，何之矣？天命不佑，行矣哉？

[译]

　　《彖传》说：不荒诞，说的是阳刚从外面来，并且在内部做了主宰。震动而又刚健，阳刚居中位并且有所响应，非常亨通并且言行端正，这是天的命令啊。"假如言行不合正道，就有灾殃，不宜于有所行动。"不荒诞者的行动，您又是要到哪里去呢？天命不保佑，您行动吗？

[注]

　　① 刚自外来，说法不一，一说是初九阳爻来自坤，而成震。该爻为震卦之主。

　　② 下卦震为动，上卦乾为健。刚中指九五，六二阴爻与之相应。

　　《象》曰：天下雷行，物与无妄。先王以茂对时，育万物。

[译]

　　《大象传》说：天下有雷在运行，万物都因此而真实无妄。先王据此精力充沛地依据时令培育万物。

[注]

　　上卦乾为天，下卦震为雷，所以是"天下雷行"。茂，茂盛，精力充沛。

　　初九：无妄往，吉。

[译]

　　初九爻：不荒诞的行动，吉利。

　　《象》曰：无妄之往，得志也。

[译]

　　《小象传》说：不荒诞的吉利，是实现了志向啊！

　　六二：不耕获，不菑畬，则利有攸往。

[译]

　　六二爻：不耕种而收获，不垦荒而有良田，就利于有所行动。

[注]

　　菑，垦荒。畬，耕种熟田。一说"不耕获，不菑畬"为不耕亦不获或不望获，不垦荒也不耕熟田或不指望有熟田。

　　《象》曰："不耕获"，未富也。

[译]

　　《小象传》说："不耕种而收获"，是还没有富足啊。

　　六三：无妄之灾：或系之牛，行人之得，邑人之灾。

[译]

　　六三爻：老实本分所遭受的灾难是：有人牵走了他的牛，那个走的人有了收获，村里人却遭灾了。

　　《象》曰：行人得牛，邑人灾也。

[译]

　　《小象传》说：走的人得到了牛，村里人遭灾了。

　　九四：可贞，无咎。

[译]

　　九四爻：可以占问，无过无灾。

《象》曰："可贞无咎"，固有之也。

[**译**]

《小象传》说："可以占问，无过无灾"，本来就有这样的事。

九五：无妄之疾，勿药有喜。

[**译**]

九五爻：老实本分者的疾病，不要医治，会有喜庆。

《象》曰：无妄之药，不可试也。

[**译**]

《小象传》说：对老实本分者的治疗，不可用来试验。

上九：无妄，行有眚，无攸利。

[**译**]

上九爻：老实本分，行动将有灾难，不要行动为好。

《象》曰：无妄之行，穷之灾也。

[**译**]

《小象传》说：老实本分的行为，其灾难是因为无路可走。

二六　大畜

[**解题**]大畜，丰厚的积累。本卦不讲如何积累财富，而是讲如何不断培养品德。

☰（乾下艮上）大畜

利贞。不家食，吉。利涉大川。

[译]

　　丰厚积累,利于守正。不依靠采邑生活,吉利。有利于涉渡大河。

[注]

　　家,大夫采邑。食,养育。不家食,大夫不依靠采邑,就要依赖王者或诸侯的俸禄。指大夫被王者或诸侯任用,所以为吉。

　　《彖》曰:大畜,刚健笃实辉光,日新其德[1]。刚上而尚贤,能止健,大正也[2]。"不家食吉",养贤也。"利涉大川",应乎天也。

[译]

　　《彖传》说:丰厚积累,刚健厚实而荣光,德行日日更新。阳刚居上而尊重贤才,并能使强健者停止,这是最正确的。"不靠采邑生活,吉利",因为君主能畜养贤才。"有利于涉渡大河",是能够顺应上天。

[注]

　　① 刚健,指下卦乾;笃实,指上卦艮,艮为山,其体厚实。喻人之德刚健厚实而荣光。

　　② 刚上,指阳爻居于上位,喻君主。止,指上卦艮;健,指下卦乾。止健,使强健者停止于自己应有的地位(不越过君主)。

　　《象》曰:天在山中,大畜。君子以多识前言往行,以畜其德。

[译]

　　《大象传》说:天在山中,其象征是大畜卦;君子据此多记前贤的言行,以积累自己的德行。

[注]

下卦乾为天，上卦艮为山，所以说"天在山中"。

九：有厉，利已。

[译]

初九爻：有危险，以停止为宜。

《象》曰："有厉，利已"，不犯灾也。

[译]

《小象传》说："有危险，以停止为宜"，是说不去触犯灾祸。

九二：舆说輹。

[译]

九二爻：车身与车轴脱离。

[注]

说，读为脱。輹，车下夹轴的直木。

《象》曰："舆说輹"，中无尤也。

[译]

《小象传》说："车身与车轴脱离"，居中则无过错。

[注]

中，指九二处于下卦的中位，引申为行中正之道。尤，过失。

九三：良马逐，利艰贞。曰闲舆卫，利有攸往。

[译]

九三爻：良马追逐，宜于艰难之坚守正道。每天练习车马、护卫之事,利于出行。

[注]

曰,《释文》引郑本作“日”。闲,习。

《象》曰:“利有攸往”,上合志也。

[译]

《小象传》说:“利于出行”,是由于合乎上级意图。

[注]

上,同尚,重视。

六四:童牛之牿,元吉。

[译]

六四爻,小牛角上加牿木,吉利的开始。

[注]

童牛,牛犊。牿,牛角上所加之横木。小牛初生角,喜欢触物,容易折伤,故加牿进行保护。

《象》曰:六四“元吉”,有喜也。

[译]

《小象传》说:六四爻“吉利的开始”,是有喜庆之事。

六五:豮豕之牙,吉。

[译]

六五爻:打掉野猪的牙,吉利。

[注]

豮,阉割。

《象》曰:六五之"吉",有庆也。

[译]

《小象传》说:六五爻的"吉利",是有可庆祝之事。

上九:何天之衢,亨。

[译]

上九爻:天上的道路多么四通八达、通顺异常啊。

[注]

何,语气词,多么。衢,道;道路四通八达称衢。

《象》曰:"何天之衢",道大行也。

[译]

《小象传》说:"天上的道路多么四通八达",说的是正道得以顺利推行。

二七　颐

[解题]颐,面颊,引申为养护。这一卦主要是讲养护的道理,包括供养别人与养护自己。

☲(震下艮上)颐

贞,吉。观颐,自求口实。

[译]

养护之事,占问,吉祥。观察养护之事,于是就自己谋求食物。

《彖》曰："颐贞吉"，养正则吉也。"观颐"，观其所养也。"自求口实"，观其自养也。天地养万物，圣人养贤以及万民。颐之时大矣哉！

[译]

《彖传》说："养护之事守正吉祥"，是说养护符合正道就吉祥。"观察养护之事"，就是观察所奉养的情况。"自己谋求食物"，就是观察自我养护的情况。天地养育万物，圣人则养育贤才并且扩大到民众。处于养护的时节，是多么的好啊！

[注]

贞，此处《彖传》解释为"正"，不作"占问"。

《象》曰：山下有雷，颐。君子以慎言语，节饮食。

[译]

《大象传》说：山下有雷，其象征是颐卦。君子据此谨慎言语，节制饮食。

[注]

上卦艮为山，下卦震为雷，所以是"山下有雷"。

初九：舍尔灵龟，观我朵颐，凶。

[译]

初九爻：舍弃你的灵龟，看我腮帮鼓起，凶。

[注]

舍，丢弃。古人用龟甲占卜，认为龟能预知吉凶，故称灵龟。颐，腮。朵颐，鼓起腮帮吃东西。

《象》曰："观我朵颐"，亦不足贵也。

[译]

　　《小象传》说:"看我腮帮鼓起",是不值得称道的行为。

　　六二:颠颐,拂经于丘,颐征凶。

[译]

　　六二爻:养护颠倒,在处所上违背常规,养护如此进行则凶。

[注]

　　拂,违背。经,常规。丘,指经常行事的场所(据孔颖达《周易正义》)。征,往(据朱熹《周易本义》),意为如此进行。

　　《象》曰:六二"征凶",行失类也。

[译]

　　《小象传》说:六二爻的"如此进行则凶",是由于行为违反了法则。

　　六三:拂颐,贞,凶。十年勿用,无攸利。

[译]

　　六三爻:除去供养,占问,凶。十年不要行动,因为没有什么好处。

　　《象》曰:"十年勿用",道大悖也。

[译]

　　《小象传》说:"十年不要行动",是说严重违背了养护之道。

[注]

　　悖,违背常理。

六四:颠颐,吉。虎视眈眈,其欲逐逐,无咎。

[译]

六四爻:颠倒养护,吉祥。虎视眈眈,欲望强烈,不受责备。

《象》曰:"颠颐"之吉,上施光也。

[译]

《小象传》说:"颠倒养护"的吉,是因为上面施予的多。

[注]

光,借为广。

六五:拂经,居贞吉,不可涉大川。

[译]

六五爻:违背常规,坚守正道则吉,不可涉渡大河。

《象》曰:"居贞"之吉,顺以从上也。

[译]

"坚守正道"的吉,是因为柔顺而服从上司。

上九:由颐,厉,吉。利涉大川。

[译]

上九爻:由此而得养护,虽艰难,却吉利。有利于涉渡大河。

[注]

由颐,上九一阳爻处于四阴爻之上,象征大家都由此得到养护。

《象》曰:"由颐厉吉",大有庆也。

[译]

《小象传》说:"由此而得养护,虽艰难,却吉利",定会有特别值得庆祝的事。

二八　大过

[解题]大过,太过越。这一卦主要是讲有关越出常规的道理。

☰(巽下兑上)大过

栋桡,利有攸往,亨。

[译]

太过越,栋梁弯曲,宜采取措施,通顺。

[注]

桡,曲。

《彖》曰:大过,大者过也。"栋桡",本末弱也①。刚过而中②,巽而说行③,"利有攸往",乃亨。大过之时大矣哉!

[译]

《彖传》说:大过,是伟大者的过越。"栋梁弯曲",是因为本末都软弱。阳刚过越而守中道,谦逊而和悦地行动,"宜于采取措施",才能"通顺"。大过越的时期,是多么的伟大啊!

[注]

① 本末,指初上二爻皆为阴,故称"弱"。

② 刚,指阳爻,本卦有四个阳爻,超过阴爻,故称"过";中,指九二、九五爻处于上下卦之中位。

③ 巽,指下卦巽,义为谦逊;说,同悦,指上卦兑。《彖传》以卦

爻象解释卦名和卦辞。

《象》曰:泽灭木,大过;君子以独立不惧,遁世无闷。

[译]

《大象传》说:泽水淹没树木,其象征是大过卦;君子据此特立独行,毫不畏惧,隐居避世而不苦闷。

[注]

上卦兑为泽,下卦巽为木,所以是"泽灭木"。

初六:藉用白茅,无咎。

[译]

初六爻:用白茅垫祭品,不受责备。

[注]

藉,垫。白茅,茅草名,其质地柔软洁白,祭祀时用来垫礼器。

《象》曰:"藉用白茅",柔在下也。

[译]

《小象传》说:"用白茅垫祭品",表示柔弱处于下位。

九二:枯杨生稊,老夫得其女妻,无不利。

[译]

九二爻:干枯的杨树发新芽,老男人娶了个女娇娃,没有不利。

[注]

稊,刚生出的嫩叶。

《象》曰："老夫女妻"，过以相与也。

[译]

　　《小象传》说："老男人娶女娇娃"，是说这种结合过越常规。

[注]

　　与，友善。相与，结合。

　　九三：栋桡，凶。

[译]

　　九三爻：栋梁弯曲，凶险。

　　《象》曰："栋桡"之凶，不可以有辅也。

[译]

　　《小象传》说：栋梁弯曲造成的凶险，是无法救助的。

[注]

　　辅，助。

　　九四：栋隆，吉；有它，吝。

[译]

　　九四爻：栋梁坚固，吉祥；有意外事故发生，则艰难。

[注]

　　隆，隆盛，引申为坚固。它，其他因素，指意外变故。

　　《象》曰："栋隆"之吉，不桡乎下也。

[译]

　　《小象传》说："栋梁坚固"的吉祥，由于不因支撑不牢而弯曲。

［**注**］

下，支撑栋梁的墙柱。

九五：枯杨生华，老妇得其士夫。无咎无誉。

［**译**］

九五爻：干枯的杨树开了花，老妇人嫁了少年郎。不受责备，也得不到赞赏。

［**注**］

华，即花。誉，赞誉。

《象》曰："枯杨生华"，何可久也！"老妇士夫"，亦可丑也！

［**译**］

《小象传》说："干枯的杨树开花"，怎么可能长久！"老妇人嫁了少年郎"，这事多么丢丑！

上六：过涉灭顶，凶，无咎。

［**译**］

上六爻：涉渡江河，水没头顶，凶险。不受责备。

［**注**］

过，渡。

《象》曰："过涉"之凶，不可咎也。

［**译**］

"涉渡江河"的凶，是不应该受责备的。

二九　坎

[**解题**]坎,坑洼,陷阱,转义指危险。本卦主要是讲如何对待艰险的道理。

☵(坎下坎上)习坎

　　有孚,维心亨,行有尚。

[**译**]

　　从事危险的事业,有诚信,心灵保持着沟通,行为会得到奖赏。

[**注**]

　　习,王弼注"便习",如孔子所说"习相远"的习,译为"从事"。习坎,从事危险的事业。孚,诚信。维,同惟。尚,奖赏。

　　《彖》曰:习坎,重险也。水流而不盈[1],行险而不失其信。"维心亨",乃以刚中也[2]。"行有尚",往有功也[3]。天险,不可升也;地险,山川丘陵也。王公设险以守其国。险之时用大矣哉!

[**译**]

　　《彖传》说:"从事危险的事业",危险就一个接着一个。水流进去却不能充满,人在艰险中行进却不失去诚信。"心灵保持着沟通",是因为刚健而中正;"行为会得到奖赏",则是此行立了功。天险,不可攀升;地险,就是山川丘陵。王公们设置险要,是用来守卫他们的国家。危险的时期如何行动,是非常有讲究的啊!

［注］

① 坎为坑洼、陷阱，坎卦象征水，故言"水流"，言"不盈"。盈，充满。

② 刚，指九二、九五阳爻，为刚；中指九二居下卦中位，九五居上卦中位，故称"刚中"。喻人有刚健、中正之德性。

③ 往，前往，意为前去做事，译为"此行"。

《象》曰：水洊至，习坎。君子以常德行，习教事。

［译］

《大象传》说：水一次又一次流来，是从事危险的事业（坎卦）的象征。君子据此保持德行，演习教化之事。

［注］

洊，再；水洊至，谓前水方来，后水又接续而至。本卦上下卦皆为坎，所以说是"水洊至"。常，永恒，译为保持。

初六：习坎，入于坎窞，凶。

［译］

初六爻：从事危险的事业，坠入陷阱，凶。

［注］

窞，深坑；坎窞，坑中的深坑，即陷阱。

《象》曰："习坎"入坎，失道凶也。

［译］

《小象传》说："从事危险的事业"而坠入陷阱，是因为迷失道路而导致灾祸。

九二：坎有险，求小得。

[译]

九二爻，陷阱中有危险，只求小有收获。

《象》曰："求小得"，未出中也。

[译]

《小象传》说："只求小有收获"，是因为没有脱离中道。

[注]

中，指九二居下卦之中位，喻人守中道。

六三：来之坎，坎险且枕。入于坎窞，勿用。

[译]

六三爻：来到陷阱之处，陷阱险而且深。坠入陷阱之中，不要轻举妄动。

[注]

枕，古文为沉，深。

《象》曰："来之坎坎"，终无功也。

[译]

《小象传》说："历经重重艰险"，最终也不能成功。

[注]

"来之坎坎"，是《小象传》对爻词的理解。本书取高亨《周易古经今注》说，与《小象传》不同。

六四：樽酒簋，贰用缶，纳约自牖，终无咎。

［译］

六四爻，酒用樽，簋盛饭，现在换成了瓦器罐，从窗户送入取出，最终没有灾患。

［注］

樽，古代盛酒的器具。簋，古代盛食物的器具。缶，瓦器。纳，送入；约，取出。樽酒簋，贰用缶，或作"樽酒，簋贰，用缶"。

《象》曰："樽酒簋贰"，刚柔际也。

［译］

《小象传》说："一樽酒，两碗饭"，表示命运交替更换。

［注］

刚柔，此指不同的地位或待遇，引申为命运。际，接续。

九五：坎不盈，祗既平，无咎。

［译］

九五爻：沟坎尚未满盈，小丘已经铲平，不受责备。

［注］

祗，借为坻，小丘。

《象》曰："坎不盈"，中未大也。

［译］

《小象传》说："沟坎尚未满盈"，象征中正之道还不宏大。

上六：系用徽纆，寘于丛棘，三岁不得，凶。

［译］

上六爻：用绳索捆绑犯人，投入牢狱之中，多年未得解脱，凶。

[**注**]

徽缠，绳索。寘，置，放置。丛棘，古代牢狱外围种上成丛的荆棘，以防犯人逃跑。

《象》曰：上六失道，凶三岁也。

[**译**]

《小象传》说：上六爻丧失正道，所以凶祸多年。

三〇　离

[**解题**]离有两层含义：一为光明，一为附着。此卦说明天下之物必有所附着，方能显示其光明。

☲（离下离上）离

利贞，亨。畜牝牛，吉。

[**译**]

离，宜于占问，已经沟通。畜养母牛，吉。

《彖》曰：离，丽也[1]。日月丽乎天，百谷草木丽乎土。重明以丽乎正[2]，乃化成天下。柔丽乎中正[3]，故亨。是以"畜牝牛吉"也。

[**译**]

《彖传》说：离，是附着的意思。日月附着在天上，百谷草木附着地上。以加倍的光明附着于正道，就可以教化好整个天下。柔顺附着于中正之道，所以亨通。因此说"畜养母牛吉"。

［注］

①　丽，附着。

②　重明，指离卦卦象，离为日，两离相重，所以是加倍光明。此句根据上下卦象解释卦名"离"。

③　柔，指六二、六五两阴爻。此二爻处于上下卦之中位，所以说是中正。比喻人有柔和之德，而又附着于中正之道。

《象》曰：明两作，离。大人以继明照于四方。

［译］

《大象传》说：光明两次升起，其象征是离卦。大人据此以连续不断的光明照耀四方。

［注］

本卦上下卦都是离，离为明，所以是"明两作"。大人，指在高位的执政者。

初九：履错然，敬之，无咎。

［译］

初九爻：（看见）华丽的鞋子，要恭恭敬敬，则无过错。

［注］

履，鞋。错然，华丽的样子。穿着华丽鞋子的一定是权贵，所以要恭恭敬敬。

《象》曰："履错"之敬，以辟咎也。

［译］

《小象传》说："（对）华丽鞋子"的恭敬，是为了避免灾祸。

［注］

辟，同避。

六二：黄离，元吉。

[译]

六二爻：黄衣加身，最吉利。

[注]

黄，土的颜色。五行，土为中央，所以黄色被认为是尊贵的颜色。

《象》曰："黄离元吉"，得中道也。

[译]

《小象传》说："黄衣加身，最吉利"，因为得行中道。

九三：日昃之离，不鼓缶而歌，则大耋之嗟，凶。

[译]

九三爻：看到太阳西斜后的光明，还不敲起瓦盆唱歌，就要有衰老时的悲叹、悔恨，凶。

[注]

日昃之离，喻人衰老前的光明。鼓缶而歌，指此时将事务交给别人，自己找乐，安度晚年。耋，七八十岁的老人。

《象》曰："日昃之离"，何可久也！

[译]

《小象传》说："太阳西斜后的光明"，怎能长久！

九四：突如其来如，焚如，死如，弃如。

[译]

九四爻：突然起火了，房子烧着了，有人死了，有人逃了。

《象》曰："突如其来如"，无所容也。

[译]

　　《小象传》说："突然着火了……"，(有死有逃)因为无处安身了。

　　六五：出涕沱若，戚嗟若，吉。

[译]

　　六五爻：泪流满面，悲伤又哀叹，吉。

[注]

　　沱若，泪流很多的样子。戚，忧伤。

　　《象》曰：六五之吉，离王公也。

[译]

　　《小象传》说：六五爻辞的吉，是由于攀附王公的缘故。

[注]

　　上九为阳爻，为刚，象征王公；六五为阴爻，为柔，象征臣民。

　　上九：王用出征，有嘉。折首，获匪其丑，无咎。

[译]

　　上九爻：天子出征，有喜庆。杀死了敌人，俘获了他们的同伙，没有灾难。

[注]

　　匪，彼。其，语助词。丑，类；获丑，谓俘获敌众。

　　《象》曰："王用出征"，以正邦也。

[译]

　　《小象传》说："天子出征"，是为了安定国家。

周易下经

三一　咸

[**解题**]咸,交感,相互感应。这一卦主要是讲天地、阴阳、男女,尤其是圣人与百姓相互感应的道理。

䷞(艮下兑上)咸

亨,利贞。取女吉。

[**译**]

交感,已经沟通,宜于占问。娶妻吉利。

[**注**]

取,同娶。

《彖》曰:咸,感也[①]。柔上而刚下[②],二气感应以相与,止而说,男下女[③],是以"亨,利贞,取女吉"也。天地感而万物化生,圣人感人心而天下和平。观其所感,而天地万物之情可见矣!

[**译**]

《彖传》说:咸,交感。柔在上而刚在下,山泽二气相互感应而融合,节制而又喜悦,男子位于女子之下,所以说"通,宜于占问,娶妻吉利"。天地交感而万物化生,圣人感动人心则天下和平。观察这些相互感应,天地万物的情况就清楚了。

[注]

①　感,感应。

②　柔上,指上卦兑;刚下,指下卦艮。

③　止、男,指下卦艮;说、女,指上卦兑。说即悦。艮为少男,兑为少女。男下女,指古代婚礼中男子恭谦地迎娶女子的习俗。

《象》曰:山上有泽,咸。君子以虚受人。

[译]

《大象传》说:山上有泽,其象征是咸卦。君子据此以谦虚的胸怀容纳他人。

[注]

上卦兑为泽,下卦艮为山,所以是"山上有泽"。

初六:咸其拇。

[译]

初六爻:触动了他的足大趾。

[注]

咸,感,此外指触动。拇,足大趾。

《象》曰:"咸其拇",志在外也。

[译]

《小象传》说:"触动了他的足大趾",表明志向在外。

[注]

外,指上卦。初六与九四相感应,所以说"志在外"。

六二：咸其腓，凶。居吉。

[译]

六二爻：触动了他的腿肚子，凶。停止则吉。

[注]

腓，腿肚。居，止。

《象》曰：虽"凶，居吉"，顺不害也。

[译]

《小象传》说：虽然"凶，停止则吉"，顺从就不会有害。

九三：咸其股，执其随，往吝。

[译]

九三爻：触动他的大腿，握住他的足，做事则艰难。

[注]

随，足。前足行，后足来合谓之随，故称足为随。

《象》曰："咸其股"，亦不处也。志在随人，所执下也。

[译]

《小象传》说："触动他的大腿"，也不是要停在此处。心愿在于随顺他人，所握的东西就比较低下。

九四：贞，吉，悔亡。憧憧往来，朋从尔思。

[译]

九四爻：占问，吉祥，困难已经消亡。来来往往不间断，同伴随了你的愿。

［注］

憧憧，往来不断的样子。

《象》曰："贞吉，悔亡"，未感害也。"憧憧往来"，未光大也。

［译］

《小象传》说："占问，吉祥，困难已经消亡"，是说没有受到伤害。"往来不断"，是说还不广大。

九五：咸其脢，无悔。

［译］

九五爻：触动他的脊背，并不后悔。

［注］

脢，背肉。

《象》曰："咸其脢"，志末也。

［译］

《小象传》说："触动他的脊背"，说明志向不大。

上六：咸其辅颊舌。

［译］

上六爻：触动他的面颊与口舌。

［注］

辅，同甫。甫颊同义，皆指腮，面颊。

《象》曰："咸其辅颊舌"，滕口说也。

[译]

　　《小象传》说："触动他的面颊与口舌"，表示口若悬河，夸夸其谈。

[注]

　　滕，水奔涌翻腾。滕口说，谓翻腾口舌而谈说，即"口若悬河，夸夸其谈"。

三二　恒

　　[解题]恒，长久。此卦主要是讲持之以恒的道理。

䷟（巽下震上）恒

　　亨，无咎，利贞。利有攸往。

[译]

　　恒，已经沟通，没有差错，宜于占问。可以采取行动。

　　《彖》曰：恒，久也。刚上而柔下，雷风相与，巽而动[①]；刚柔皆应[②]，恒。"恒：亨，无咎，利贞"，久于其道也。天地之道，恒久而不已也。"利有攸往"，终则有始也。日月得天而能久照，四时变化而能久成。圣人久于其道，而天下化成。观其所恒，而天地万物之情可见矣。

[译]

　　《彖传》说：恒，永久的意思。刚在上，柔在下，风雷相交往，谦逊而又有所作为；三刚三柔都相互对应，所以永久。"恒：已经沟通，没有差错，宜于占问"，是由于长久地从事此道。天地之道，是永恒、长久而不停息的。"可以采取行动"，表示一事完成另一事又重新开始。日月在天所以能长久地照耀万物,四季变化所以能长久地成就万物。圣人长久地从事他的道,从而把普天下都教化成功。观察这些长久的东西,天地万物的情况也就清楚了。

[注]

① 刚、雷、动,指上卦震;柔、风、巽,指下卦巽。震在上,巽在下,所以说"刚上而柔下"。动,谓有所行动,引申为有所作为。

② 刚,指阳爻九二、九三、九四;柔,指阴爻初六、六五、上六。初六与九四、九二与六五、九三与上六都是阳爻与阴爻对应,所以说"刚柔皆应"。

《象》曰:雷风,恒。君子以立不易方。

[译]

《大象传》说:上打雷,下刮风,其象征是恒卦。君子据此处世,不改所坚持的原则。

[注]

上卦震为雷,下卦巽为风,所以是"雷风"。方,方式、道路,引申为规范、原则。

初六:浚恒,贞,凶。无攸利。

[译]

初六爻:深挖不止,占问,凶。不会有什么好处。

[注]

浚,疏通,深挖。

《象》曰:"浚恒"之凶,始求深也。

[译]

　　《小象传》说：“深挖不止”的凶，是因为刚刚开始就追求深。

　　　九二：悔亡。
[译]

　　九二爻：悔恨已经过去。

　　《象》曰：九二“悔亡”，能久中也。
[译]

　　《小象传》说：九二爻说“悔恨已经过去”，是能长久地坚守中道。

　　　九三：不恒其德，或承之羞。贞，吝。
[译]

　　九三爻：不能长久地保持自己的品德，就可能受到别人的羞辱。占问，艰难。

　　《象》曰：“不恒其德”，无所容也。
[译]

　　《小象传》说：“不能长久地保持自己的品德”，就没有容身的地方。

　　　九四：田无禽。
[译]

　　九四爻：打猎没有得到鸟兽。

[注]

田，打猎。打猎要在田野，故称田。

《象》曰：久非其位，安得禽也。

[译]

《小象传》说：长久地不在自己的位置上，怎么能得到鸟兽呢。

[注]

位，指卦位；九四阳爻处于阴位，所以是"非其位"。象征人不在自己的位置上。得禽，象征有所成就。

六五：恒其德。贞，妇人吉，夫子凶。

[译]

六五爻：长久地保持自己的品德。占问，妇人吉祥，男子凶险。

《象》曰：妇人贞吉，从一而终也。夫子制义，从妇凶也。

[译]

《小象传》说：妇人占问吉祥，是因为她终生只嫁一个男子。男子要进行决策，顺从女人的意思会招致失败。

[注]

从一而终，终生只嫁一个男子，即使该男子不幸去世，也不再嫁。制，裁定。义，主意。

上六：振恒，凶。

[译]

上六爻：动摇恒心，凶险。

《象》曰："振恒"在上，大无功也。

[译]

《小象传》说："动摇恒心"而又处于上位，尤其不会成功。

三三　遁

[**解题**]遁，隐退，遁逃。此卦主要讲论退隐和遁逃的道理。

(艮下乾上)遁

亨，小利贞。

[译]

逃遁，已经沟通。小事宜于占问。

《彖》曰："遁，亨"，遁而亨也。刚当位而应[1]，与时行也。"小利贞"，浸而长也[2]。遁之时义大矣哉！

[译]

《彖传》说："遁，亨"，是说逃遁因而亨通。刚健者当位并且加以响应，又能适时采取行动。"位贱者利于守正"，表示柔渐渐地生长。退隐时期其意义是非常深远的啊！

[注]

① 刚，指九五爻，九五为阳爻，又居于阳位，所以说"刚当位"。此爻与下卦六二爻相应，所以说"刚当位而应"。此句以爻象爻位释卦辞"亨"。

② 浸，渐。一说"浸"字上当有"柔"字，谓柔渐渐生长；柔指阴
　 爻，阴为小，以释卦辞"小"字；初六、六二两阴爻渐长，所以
　 说"柔渐长"。

《象》曰：天下有山，遁。君子以远小人，不恶而严。

[译]

《大象传》说：天下有山，其象征是遁卦。君子据此远离小
人，不抨击而威严。

[注]

上卦乾为天，下卦艮为山，所以是"天下有山"。远，远离，指从
朝廷隐退。恶，憎恶，怨恨，引申为抨击。

初六：遁尾，厉，勿用有攸往。

[译]

初六爻：藏起尾巴，表示有危险，不宜采取行动。

《象》曰："遁尾"之厉，不往，何灾也？

[译]

《小象传》说："藏起尾巴"显示的危险，不前往，又有什么灾
祸呢？

六二：执之用黄牛之革，莫之胜说。

[译]

六二爻：捆绑用黄牛的皮革，没法能够逃脱。

[注]

胜，能。说，同脱，逃脱。莫之胜说，不能挣断皮绳而逃脱。

《象》曰："执用黄牛"，固志也。

[译]

《小象传》说："捆绑用黄牛的皮革"，象征要坚定信念。

九三：系遁，有疾厉。畜臣妾，吉。

[译]

九三爻：拴捆逃遁之人，有大危险。畜养男女奴仆，吉利。

[注]

系，拴捆。遁，不愿合作而离开者。臣妾，男仆为臣，女仆为妾。

《象》曰："系遁"之厉，有疾惫也。"畜臣妾，吉"，不可大事也。

[译]

《小象传》说："拴捆逃遁之人"的危险，在于要受到严重削弱。"畜养男女奴仆吉利"，但不可担当大事。

[注]

惫，羸，削弱。

九四：好遁，君子吉。小人否。

[译]

九四爻：喜好退隐，君子吉祥。小人则不能。

[注]

否，不能，做不到。

《象》曰：君子好遁，小人否也。

[译]

《小象传》说：君子喜好退隐，小人则不能。

九五：嘉遁，贞，吉。

[译]

九五爻：以退隐为快乐，占问，吉祥。

[注]

嘉，美，乐。

《象》曰："嘉遁，贞吉"，以正志也。

[译]

《小象传》说："以退隐为快乐，守正则吉祥"，是用来端正信念的。

上九：肥遁，无不利。

[译]

上九爻：位高而退隐，无处不顺利。

[注]

肥，同飞，古本作"飞"，指处于高位。肥遁，功成身退。

《象》曰："肥遁，无不利"，无所疑也。

[译]

《小象传》说："位高而退隐，无处不顺利"，是说没有什么可疑虑的。

三四　大壮

[**解题**]大壮，威力强大。此卦主要是讲如何对待和运用强力

的道理。

䷡（乾下震上）大壮

　　利贞。
[译]

　　威力强大，宜于占问。

　　《彖》曰：大壮，大者壮也。刚以动，故壮。"大壮利贞"，大者正也。正大，而天地之情可见矣。
[译]

　　《彖传》说：大壮，是说伟大者强而有力。刚健又善于行动，所以强而有力。"威力强大，宜于占问"，表示强大又坚持正道。守正又强大，天地的情况就清楚了。
[注]

　　大，指阳爻；刚，指下卦乾；动，指上卦震。

　　《象》曰：雷在天上，大壮。君子以非礼弗履。
[译]

　　《大象传》说：雷在天上，是大壮卦的象征。君子据此不做非礼之事。
[注]

　　上卦震为雷，下卦乾为天，所以是"雷在天上"。履，践履，谓实际做事。

　　初九：壮于趾，征凶，有孚。

［译］

初九爻:冒险前进,用于征伐则凶,这是不可避免的。

［注］

孚,信;有孚,谓必然的结果。

《象》曰:"壮于趾",其孚穷也。

［译］

《小象传》说:"冒险前进",其必然结果是陷于困境。

九二:贞,吉。

［译］

九二爻:占问,吉祥。

《象》曰:九二"贞吉",以中也。

［译］

《小象传》说:九二爻"占问吉祥",是因为能按中道行事。

［注］

中,指九二爻处于下卦之中位,象征人按中道行事。

九三:小人用壮,君子用罔。贞,厉。羝羊触藩,羸其角。

［译］

九三爻:小人使用强力,君子则不然。占问,危险。公羊抵触篱笆,伤了它的角。

［注］

罔,无。羝羊,公羊。藩,篱笆。羸,弱,引申为伤。

《象》曰：小人用壮，君子罔也。

[译]

《小象传》说：小人使用强力，君子不这样的。

[注]

古本"罔"上有"用"字。

九四：贞，吉，悔亡。藩决不羸，壮于大舆之輹。

[译]

九四爻：占问，吉祥，悔恨消亡。篱笆被撞坏，未能伤，其角比大车的辐条还结实。

[注]

决，破坏。輹，同辐。

《象》曰："藩决不羸"，尚往也。

[译]

《小象传》说："篱笆被撞坏，未能伤其角"，是因为它向上使劲。

六五：丧羊于易，无悔。

[译]

六五爻：在易国丢了羊，没有悔恨。

[注]

易，国名。

《象》曰："丧羊于易"，位不当也。

[译]

《小象传》说："在易国丢了羊"，是由于所处的地位不适当。

[注]

位不当,指六五阴爻处于阳位,喻人所处的地位或环境不适当。

上六:羝羊触藩,不能退,不能遂,无攸利。艰则吉。

[译]

上六爻:公羊触篱笆,不能后退,也不能如意,没有什么好处。把事情看得艰难些就会吉利。

《象》曰:"不能退,不能遂",不详也。"艰则吉",咎不长也。

[译]

《小象传》说:"不能后退,也不能如意",就是不吉祥。"将事情看得艰难些就会吉利",由于过失不会久长。

[注]

详,与祥通,吉祥。

三五　晋

[解题]晋,前进、上进。这一卦主要是讲前进或上进的道理。

䷢(坤下离上)晋

康侯用锡马蕃庶,昼日三接。

[译]

进取,康侯用赏赐的马繁衍,一天多次交配。

[注]

蕃,繁殖。

《彖》曰：晋，进也。明出地上①，顺而丽乎大明②。柔进而上行，是以"康侯用锡马蕃庶，昼日三接"也。

[译]

《彖传》说：晋，就是进。光明从地上升起，柔和的光线挂在太阳之上。柔顺者不断进取上升，所以"康侯用赏赐的马繁衍，一日多次交配"啊。

[注]

① 明，指上卦离；地，指下卦坤；离在坤上，象征光明从地上升起。

② 大明，太阳。

《象》曰：明出地上，晋。君子以自昭明德。

[译]

《大象传》说：光明从地上升起，其象征是晋卦。君子据此自我显示高尚的德行。

[注]

上卦离为明，下卦坤为地，所以是"明出地上"。昭，明，显示。明德，高尚的德行。

初六：晋如，摧如。贞，吉。罔孚，裕，无咎。

[译]

初六爻：上进呀，挫折呀。占问，吉祥。不被人信任，心宽，不受责备。

[注]

摧，折毁。孚，信任。裕，心宽，成败都无所谓，不放在心上。

《象》曰:"晋如摧如",独行正也。"裕无咎",未受命也。

[译]

《小象传》说:"上进呀,挫折呀",是由于行为独特而且正确。"心宽,不受责备",因为没有受到任命。

六二:晋如,愁如。贞,吉。受兹介福,于其王母。

[译]

六二爻:上进呀,忧愁呀。占问,吉祥。蒙受这样大的福佑,来自于他的祖母。

[注]

愁,忧愁。介,大。王母,祖母。朱熹认为,这是在祭祀母亲时占到的好结果。

《象》曰:"受兹介福",以中正也。

[译]

《小象传》说:"蒙受这样大的福佑",是因为行为中正。

[注]

中正,指六二爻处于下卦之中位。阴爻处于阴位,象征人的行为中正。

六三:众允,悔亡。

[译]

六三爻:众人信从,悔恨消失。

[注]

允,信。

《象》曰:"众允"之,志上行也。

[译]

　　《小象传》说:"众人信从"他,因为它的心愿是上进。

　　九四:晋如鼫鼠,贞厉。

[译]

　　九四爻:上进却像鼫鼠那样,占问,危险。

[注]

　　鼫鼠,据说它有五种技能,却没有一样真正管用的。

　　《象》曰:"鼫鼠贞厉",位不当也。

[译]

　　《小象传》说:"像鼫鼠那样,占问,危险",是因为所处的地位不适当。

[注]

　　位不当,指九四阳爻处于阴位,象征人所处的地位或环境不适当。

　　六五:悔亡,失得勿恤。往吉,无不利。

[译]

　　六五爻:悔恨消失,得失不必多虑。前往吉祥,没有不顺利的。

[注]

　　恤,忧。失,汉本皆作"矢"。

　　《象》曰:"失得勿恤",往有庆也。

[译]

　　《小象传》说："得失不必多虑"，因为前去会有喜庆。

　　上九：晋其角，维用伐邑，厉吉，无咎。贞，吝。

[译]

　　上九爻：用他的角前进，只是用来攻伐城池，危险，但吉利，不受责备。占问，艰难。

[注]

　　角，象征兵器和军队。

　　《象》曰："维用伐邑"，道未光也。

[译]

　　《小象传》说："只是用来攻伐城池"，因为道尚未光大。

三六　明夷

　　[解题]明夷，意谓光明泯灭，或晦藏光明。这一卦主要是讲韬晦之道。

　　(离下坤上)明夷

　　利艰贞。

[译]

　　光明泯灭，宜于在艰难中坚守正道。

　　《彖》曰：明入地中，"明夷"①；内文明而外柔顺，以蒙大难，文王以之②。"利艰贞"，晦其明也。内难而能正其志,箕子以之③。

[译]

　　《象传》说:光明没入地下,这就是"明夷"。心内有治国之道而外行柔顺之德,因此而蒙受大难,周文王就是这样的。"宜于在艰难中坚守正道",是因为要隐藏自己的光明。内心痛苦而能端正自己的志向,箕子就是这样的。

[注]

　　① 明,指下卦离;地,指上卦坤。离在坤下,有光明没入地中的象征。

　　② 内文明,指下卦离,下为内,故言"内文明";外柔顺,指上卦坤,上为外,故称"外柔顺"。文,指治国的礼仪制度,与孔子"文不在斯"的文同义。明,通晓。"文王以之"之"以",郑玄、荀爽本作"似"。

　　③ 箕子,商朝暴君纣王的叔叔,因进谏不被采纳而佯狂装疯。

　　《象》曰:明入地中,明夷;君子以莅众,用晦而明。

[译]

　　《大象传》说:光明没入地下,其象征是明夷卦;君子据此治理民众,用韬晦之道而达到光明。

[注]

　　上卦坤为地,下卦离是明,所以是"明入地中"。莅,临,即治理。

　　初九:明夷于飞,垂其翼。君子于行,三日不食。有攸往,主人有言。

[译]

　　初九爻:黑暗中的鸟儿要飞,折伤了它的左翼。出行的君子,三天不吃东西。他要走的时候,主人还冷言冷语。

[注]

　　明夷,李镜池认为是鸣叫的鹈鹕,明,借为鸣。夷,借为鶇,即鹈鹕,一种水鸟。高亨认为是野鸡。此处依"明入地中"义,译为"黑暗"。帛书本"翼"上有"左"字。

　　《象》曰:"君子于行",义不食也。

[译]

　　《小象传》说:"出行的君子",道义使他吃不进东西。

　　六二:明夷,夷于左股,用拯马壮,吉。

[译]

　　六二爻:黑暗中,伤了左腿,用以拯救的马强壮,吉祥。

[注]

　　夷于左股,伤了左腿。夷,伤。

　　《象》曰:六二之吉,顺以则也。

[译]

　　《小象传》说:六二爻辞的吉,是因为能顺从规则。

　　九三:明夷于南狩,得其大首。不可疾贞。

[译]

　　九三爻:政治黑暗之时南征,俘获了敌方的元首。不可急于占问。

[注]

　　南狩,到南方打猎、征讨敌人。大首,元首。

《象》曰:"南狩"之志,乃大得也。

[译]

《小象传》说:南征的愿望,是充分实现了。

六四:入于左腹,获明夷之心于出门庭。

[译]

六四爻:深入内心,出门时明白了那韬晦的志愿。

[注]

入于左腹,心在左胸,故译为"深入内心"。

《象》曰:"入于左腹",获心意也。

[译]

《小象传》说:"深入内心",是为了弄清他的心意。

六五:箕子之明夷,利贞。

[译]

六五爻:箕子的韬晦,宜于守正。

《象》曰:箕子之贞,明不可息也。

[译]

《小象传》说:像箕子那样的守正,是他心中存着不可熄灭的光明。

上六:不明,晦,初登于天,后入于地。

[译]

上六爻:熄灭了光明,糊涂,开始可能升到天上,后来就会跌入地中。

《象》曰:"初登于天",照四国也;"后入于地",失则也。

[译]

《小象传》说:"开始升到天上",光明照耀着四面八方;"后来跌入地中",由于失去了原则。

三七　家人

[解题]家人,家庭成员。此卦主要是讲家庭成员的事情。

☲(离下巽上)家人

利女贞。

[译]

家中事,女子守正就能办好。

《象》曰:家人,女正位乎内,男正位乎外;男女正,天地之大义也。家人有严君焉,父母之谓也。父父,子子,兄兄,弟弟,夫夫,妇妇,而家道正。正家而天下定矣。

[译]

《彖传》说:家庭成员之中,女子应该管理内部事务,男子应该处理外部事务;确定男女的职责,是天地间的根本要义。家中有尊严的主人,这就是父母。父亲要像个父亲,儿子要像个儿子,兄长要像个兄长,弟弟要像个弟弟,丈夫要像个丈夫,妻子要像个妻子,为家之道也就端正了。家道端正了,天下也就安定了。

《象》曰：风自火出，家人。君子以言有物而行有恒。

[译]

　　《大象传》说：风从火中生出，其象征是家人卦。君子据此而言论有根据，行为有准则。

[注]

　　上卦巽为风，下卦离为火，所以是"风从火出"。物，事实，内容，引申为根据。恒，常，准则。

　　初九：闲有家，悔亡。

[译]

　　初九爻：有家防患杜邪，就不会有悔恨。

[注]

　　闲，防。

　　《象》曰："闲有家"，志未变也。

[译]

　　《小象传》说："有家防患杜邪"，表示志向没有改变。

　　六二：无攸遂，在中馈。贞，吉。

[译]

　　六二爻：没有什么要实现的心愿，在家里操持家务。守正，吉祥。

[注]

　　遂，遂心愿。馈，进食；中馈，引申为家务。

　　《象》曰：六二之吉，顺以巽也。

［译］

　　《小象传》说：六二爻所以吉祥，是由于柔顺而谦逊。

　　九三：家人嗃嗃，悔厉，吉；妇子嘻嘻，终吝。

［译］

　　九三爻：家庭成员严厉辛苦，悔其严厉，吉；老婆孩子嘻嘻哈哈，终究要受艰难。

　　《象》曰："家人嗃嗃"，未失也；"妇子嘻嘻"，失家节也。

［译］

　　《小象传》说："家庭成员严厉辛苦"，说明没有丢掉规则；"老婆孩子嘻嘻哈哈"，说明治家没有规矩。

　　六四：富家，大吉。

［译］

　　六四爻：发家致富，大吉。

　　《象》曰："富家大吉"，顺在位也。

［译］

　　《小象传》说："发家致富大吉"，是因为顺从在位的。

　　九五：王假有家，勿恤，吉。

［译］

　　九五爻：天子懂得治家之道，不用操心，吉祥。

［注］

　　假，至，指至于懂得治家之道。有，于。恤，忧，操心。

《象》曰:"王假有家",交相爱也。

[译]

《小象传》说:"天子懂得治家之道",大家都能互相亲爱。

上九:有孚,威如,终吉。

[译]

上九爻:有诚信,有威严,终究吉祥。

[注]

孚,信。威如,威严的样子。

《象》曰:"威如"之吉,反身之谓也。

[译]

《小象传》说:"有威严"则吉祥,讲的就是以身作则。

[注]

反身,谓反身自治,即以身作则。

三八　睽

[解题]睽,乖异、背离、对立。这一卦主要是讲宇宙万物,尤其是人与人之间同中有异,异中有同,相互对立又相互配合的道理。

☲(兑下离上)睽

小事吉。

[译]

对立,小事吉祥。

《彖》曰：睽，火动而上，泽动而下，二女同居，其志不同行①。说而丽乎明，柔进而上行，得中而应乎刚，是以"小事吉"②。天地睽而其事同也，男女睽而其志通也，万物睽而其事类也。睽之时用大矣哉！

[译]

《彖传》说：乖离，火焰向上窜，泽水往下流，二女虽然同居，她们的意志却不能协调一致。和悦而依附着光明，柔顺者向上进取，符合中道而又与刚健者相互应和，所以"小事吉祥"。天地对立而它们化育万物的事业是相同的，男女对立而他们成就家业的志向是相通的，万物乖异而它们生长发育的情况是相似的。对立情况下如何行动，是非常重要的啊！

[注]

①　火，指上卦离；泽，指下卦兑，所以说"火动而上，泽动而下"。二女，离兑乃二阴卦，故言"二女"；"二女同居"，指二女同嫁一夫。离火上窜，泽水下流，所以说"其志不同行"。

②　说，指下卦兑；明，指上卦离。柔，指阴爻六三和六五；从六三进到六五，故言"柔进而上行"。得中，指六五居于上卦中位。刚，指九二爻；六五与九二相应，所以说"应乎刚"。

《象》曰：上火下泽，睽。君子以同而异。

[译]

《大象传》说：火在上水在下，其象征是睽卦。君子据此使同中有异。

[注]

上卦离为火，下卦兑为泽，所以是"上火下泽"。

初九:悔亡。丧马勿逐,自复。见恶人,无咎。

[译]

初九爻:悔恨消失。丧失的马匹不用追寻,它自己会回来。晋见恶人,没有灾患。

《象》曰:"见恶人",以辟咎也。

[译]

《小象传》说:"晋见恶人",是为了避免灾患。

九二:遇主于巷,无咎。

[译]

九二爻:在小巷中遇见主人,不受责备。

《象》曰:"遇主于巷",未失道也。

[译]

《小象传》说:"在小巷中遇到主人……"是说没有迷失正道。

六三:见舆曳,其牛掣,其人天且劓。无初有终。

[译]

六三爻:看见大车被人向后拉,驾车牛却要向前走,驾车人额头、鼻子都受了伤。开始艰难,最终顺利。

[注]

舆曳,向后拽车。掣,牵引,指牛不听话,不愿后退。天,黥额;劓,割鼻。指驾车人面部受伤。

《象》曰:"见舆曳",位不当也。"无初有终",遇刚也。

[译]

《小象传》说:"看见大车被人向后拉",表示所处的地位不恰当。"开始艰难,最终顺利",是因为遇到了刚强的人。

[注]

六三阴爻居于阳位,所以说"位不当"。刚,指九四爻;六三上进遇九四,所以说"遇刚",象征遇见刚强之人,得到帮助。

九四:睽孤,遇元夫,交孚,厉无咎。

[译]

九四爻:遭排挤而孤立,遇到了头人,相互信任,危险但没有灾患。

[注]

睽,彼此不信任,遭到排挤。元,首;元夫,首领,头人。

《象》曰:"交孚无咎",志行也。

[译]

《小象传》说:"相互信任,没有灾患",因为志向得以实现。

六五:悔亡。厥宗噬肤,往何咎?

[译]

六五爻:悔恨消失。他的族人在吃肉,前去又有什么不好?

[注]

宗,宗族。厥宗,指他的族人。噬,咬东西;肤,肉;噬肤,即吃肉。

《象》曰："厥宗噬肤"，往有庆也。

[译]

《小象传》说："他的族人在吃肉"，前往会有喜庆。

上九：睽孤，见豕负涂，载鬼一车。先张之弧，后说之弧。匪寇，婚媾。往遇雨则吉。

[译]

上九爻：遭排挤而孤立，看见猪浑身是泥，满车鬼头鬼脸的人。他拉开了弓，又放下了弓。原来不是强盗，而是娶亲的队伍。前往，遇到下雨则吉祥。

[注]

涂，泥水。弧，弓。说，同脱，指放下弓。

《象》曰："遇雨"之吉，群疑亡也。

[译]

《小象传》说："遇到下雨"的吉，因为所有的疑惑都没有了。

三九　蹇

[解题]蹇，艰难险阻。此卦主要是讲如何对待艰难险阻的道理。

䷦（艮下坎上）蹇

利西南，不利东北。利见大人。贞，吉。

[译]

艰难，利于往西南，不利于往东北。利于大人物出现。占问,吉祥。

《彖》曰:蹇,难也,险在前也;见险而能止,知矣哉!"蹇利西南",往得中也;"不利东北",其道穷也。"利见大人",往有功也。当位"贞吉",以正邦也。蹇之时用大矣哉!

[译]

《彖传》说:蹇,就是艰难,就是前面有危险。看到危险能够停止,是明智的啊!"艰难利于往西南",因为前往得以位居正中;"不利于往东北",因为那边道路不通。"利于大人物出现",是说前往必能成功。地位适当,"守正吉祥",以此来治国安邦。艰难的时候如何行动,是非常重要的啊!

《象》曰:山上有水,蹇。君子以反身修德。

[译]

《大象传》说:山上有水,其象征是蹇卦。君子据此反省自身,修养美德。

[注]

上卦坎为水,下卦艮为山,所以是"山上有水"。

初六:往蹇,来誉。

[译]

初六爻:前往有艰难,回来受称赞。

《象》曰:"往蹇来誉",宜待也。

[译]

《小象传》说:"前往有艰难,回来受称赞",应该等待时机。

六二：王臣蹇蹇，匪躬之故。

[译]

六二爻：臣子难之又难，但不是自己造成的。

《象》曰："王臣蹇蹇"，终无尤也。

[译]

《小象传》说："臣子难之又难"，始终没有怨恨。

九三：往蹇，来反。

[译]

九三爻：前往艰难，就返回来。

[注]

反，同返。

《象》曰："往蹇来反"，内喜之也。

[译]

《小象传》说："前往艰难，就返回来"，家里人是喜悦的啊。

六四：往蹇，来连。

[译]

六四爻：前往有艰难，回来遇姻缘。

[注]

连，姻亲。

《象》曰："往蹇来连"，当位实也。

[译]

《小象传》说："前往有艰难,回来遇姻缘",象征位置确实恰当。

九五:大蹇,朋来。

[译]

九五爻:遇到大困难,朋友来帮助。

《象》曰:"大蹇朋来",以中节也。

[译]

《小象传》说："遇到大困难,朋友来帮助",因为能用中道加以节制。

上六:往蹇,来硕。吉,利见大人。

[译]

上六爻:前往有艰难,回来大收获。吉祥,利于大人物出现。

[注]

硕,大,谓大得。

《象》曰:"往蹇来硕",志在内也。"利见大人",以从贵也。

[译]

《小象传》说："前往有艰难,回来大收获",表示关注内部。"利于大人物出现",是说要追随贵人。

四〇　解

[**解题**]解,解除,解脱。这一卦主要是讲解除艰难的道理。

䷧（坎下震上）解

　　利西南。无所往，其来复，吉。有攸往，夙吉。

[译]

　　解脱，利于往西南。没有确定的目标，返回来就吉祥。有确定的目标，早去则吉祥。

[注]

　　复，返。夙，早。

　　《彖》曰：解，险以动，动而免乎险，解①。"解，利西南"，往得众也。"其来复吉"，乃得中也②。"有攸往，夙吉"，往有功也。天地解而雷雨作，雷雨作而百果草木皆甲坼③。解之时大矣哉！

[译]

　　《彖传》说：解脱，是在危险中行动，行动使人免除危险，就是"解"。"解脱利于往西南"，是由于前往则拥有民众。"返回来就吉祥"，是得居中位。"有确定的目标，早去则吉祥"，因为前往就会成功。天地解冻而后雷雨兴起，雷雨兴起而后百果草木都破土而出，抽芽生叶。解脱的时期，是非常重要的啊！

[注]

　　① 险，指下卦坎；动，指上卦震。

　　② 中，指九二爻。

　　③ 解，解冻。天地解，谓春天到来，冰雪消融。雷，指上卦震；雨，指下卦坎。作，兴起。甲，百果草木的皮壳；坼，裂开；甲坼，指草木破土而出。

　　《象》曰：雷雨作，解。君子以赦过宥罪。

[译]

《大象传》说:雷雨兴起,其象征是解卦。君子据此赦免或宽恕有罪过的人。

[注]

上卦震为雷,下卦坎为雨,所以是"雷雨兴起"。

初六:无咎。

[译]

初六爻:不受责备。

《象》曰:刚柔之际,义无咎也。

[译]

《小象传》说:处于刚柔交接之际,本来就不应受到责备。

[注]

刚,指九二阳爻;柔,指初六阴爻。际,交接处。一说,刚指九四爻,柔指初六爻。

九二:田获三狐,得黄矢,贞,吉。

[译]

九二爻:猎获了许多狐狸,得到了黄色的箭。占问,吉祥。

[注]

田,打猎。矢,箭头。

《象》曰:九二"贞吉",得中道也。

[译]

《小象传》说:九二的"占问吉祥",是由于符合了中道。

六三：负且乘，致寇至。贞，吝。

[译]

六三爻：车又拉来肩又扛，招引盗贼来抢。占问，悔恨。

《象》曰："负且乘"，亦可丑也。自我致戎，又谁咎也。

[译]

《小象传》说："车又拉来肩又扛"，是件丢人的事。自己招来的贼寇，又怪罪谁呢。

[注]

戎，兵器，引申为贼寇。

九四：解而拇，朋至斯孚。

[译]

九四爻：放开你的手脚外出交往，朋友到来，以诚相待。

[注]

拇，手脚大指。"解而拇"，后来被释为远离小人。孚，诚信。

《象》曰："解而拇"，未当位也。

[译]

《小象传》说："放开你的手脚外出交往"，说明还没有适当的地位。

[注]

未当位，指九四阳爻处于阴位。此句后被解释为当以致诚之心与人结交。

六五：君子维有解，吉。有孚于小人。

[译]

六五爻：君子得到解脱，吉祥。小人也有所信服。

[注]

维，语气词。

《象》曰："君子有解"，小人退也。

[译]

《小象传》说："君子得到解脱"，因为小人被辞退。

上六：公用射隼于高墉之上，获之，无不利。

[译]

上六爻：公爵射那落在高墙上的隼，射中了，没有什么不利的。

[注]

隼，一种猛禽。

《象》曰："公用射隼"，以解悖也。

[译]

《小象传》说："公爵射隼"，是为了消除动乱。

[注]

悖，乱。

四一　损

[解题]损，减少。可引申为节俭、自我约束等等。这一卦主要讲约束自己、特别是惩忿窒欲的道理。

䷨（兑下艮上）损

有孚，元吉，无咎。可贞，利有攸往。曷之用？ 二簋可用享。

[译]

减损，有诚信，是吉利的开始，不会受到责备。可以占卜，适宜采取行动。什么行动？ 两簋就可以举行祭祀。

[注]

簋，古代祭祀礼器；二簋，是非常简单的祭祀。

《彖》曰：损，损下益上，其道上行。①损而有孚，"元吉，无咎，可贞，利有攸往。曷之用？ 二簋可用享"。二簋应有时，损刚益柔有时②。损益盈虚，与时偕行。

[译]

《彖传》说：损，是损减臣民、增益君上，其作法是向上奉献。损由于有诚信，所以"是吉利的开始，不会受到责备。可以占卜，适宜采取行动。什么行动？ 两簋就可以举行祭祀"。仅用两簋应该根据时势，损减刚强、增益柔弱要根据时势。或损减、或增益、或盈满、或空虚，要根据时势变通。

[注]

① 损卦上艮下兑，艮为山，兑为泽。山高、泽深，象挖湖堆山，是减损臣民、增益君上象征；又象泽中水气上升，滋润山上草木，也是损下益上的象征。

② 指减损下卦之刚，增益上卦之柔。至于具体如何损刚益柔，古代注家说法不一。

《象》曰：山下有泽，损。君子以惩忿窒欲。

[译]

　　《大象传》说：山下有泽，其象征是损卦。君子据此平息愤怒，杜绝欲望。

[注]

　　上卦艮为山，下卦兑为泽，所以说是"山下有泽"。

　　初九：已事，遄往，无咎。酌损之。

[译]

　　初九爻：办完事，迅速前往，不会受到责备。要适当约束自己。

　　《象》曰："已事，遄往"，尚合志也。

[译]

　　《小象传》说："办完事，迅速前往……"，由于合乎长上的意志。

[注]

　　尚，上；尚合志，与上合志（孔颖达正义）。

　　九二：利贞，征凶。弗损，益之。

[译]

　　九二爻：利于守正，前进将有凶险。不减损自己，而增益别人。

　　《象》曰：九二利贞，中以为志也。

[译]

　　《小象传》说：九二的利于守正，是把坚守中正作为志向。

六三：三人行，则损一人；一人行，则得其友。

[译]

六三爻：三人同行，会有一人离开；一人独行，会得到朋友。

《象》曰："一人行"，三则疑也。

[译]

《小象传》说："一人独行（会得到朋友）"；三人同行，就互相猜疑。

六四：损其疾，使遄有喜，无咎。

[译]

六四爻：减损他的重病，使他立即高兴起来，不受责备。

[注]

疾，重病。

《象》曰："损其疾"，亦可喜也。

[译]

《小象传》说："减损他的重病"，是可喜的事。

六五：或益之十朋之龟，弗克违，元吉。

[译]

六五爻：有人馈赠价值十朋的龟，没法推辞，是吉利的开始。

[注]

朋，古代货币单位。有说两贝为朋，有说五贝为朋，有说十贝为朋，也有说两龟为朋。十朋之龟，价值昂贵的龟，当时视为珍宝。

《象》曰：六五元吉，自上祐也。

[译]

《小象传》说：六五爻的开始吉利，因为有上天保佑。

上九：弗损，益之，无咎。贞，吉。利有攸往，得臣无家。

[译]

上九爻：不减损自己，而增益别人，不会受到责备。占问，吉利。适宜采取行动，会得到没有主人的奴仆。

[注]

臣，奴仆。家，大夫的采邑。

《象》曰："弗损，益之"，大得志也。

[译]

《小象传》说："不减损自己，而增益别人……"，这是充分实现了自己的志向。

四二　益

[解题]益，减损君上增益臣下为益。这一卦讲述如何增益臣下的道理。

䷩（震下巽上）益

利有攸往，利涉大川。

[译]

增益，宜于采取行动，宜于涉渡大河。

《彖》曰：益，损上益下①，民说无疆；自上下下，其道大光②。"利有攸往"，中正有庆；"利涉大川"，木道乃行③。益动而巽，日进无疆；天施地生，其益无方。凡益之道，与时偕行。

[译]

《彖传》说：益，减损君上而增益臣民，百姓无限欢畅；君上尊重臣民，他的道就会光大发扬。"宜于采取行动"，因为处心中正必有喜庆；"宜于涉渡大河"，就像有了船儿可以通行。增益别人又随和谦逊，天天上进没有限量；上天施与而大地生养，这样的益处普及四面八方。凡增益的行为，都要根据时势变通。

[注]

① 益卦上巽下震，震为阳卦，象征君主和官长；巽为阴卦，象征臣下和民众。震在下而巽在上，象征君上减损自己，增益臣下和民众，所以说是"损上益下"。下句"自上下下"义同。

② 其道，这样的作法。大光，即大广，广泛传扬。

③ 木道，行船之道。巽为木，古代船用木，所以说是"木道"。

《象》曰：风雷，益①；君子以见善则迁，有过则改。

[译]

《大象传》说：风与雷，其象征是益卦。君子据此见善就学，有过即改。

[注]

上卦巽为风，下卦震为雷，所以说是"风雷"。

初九：利用为大作，元吉，无咎。

[译]

初九爻：宜于大有作为，最吉利，不受责备。

《象》曰："元吉，无咎"，下不厚事也。

[译]

《小象传》说："最吉利，不受责备"，是因为处下位者不必做大事。

[注]

厚事，做大事。

六二：或益之十朋之龟，弗克违，永贞吉。王用享于帝，吉。

[译]

六二爻：有人馈赠价值十朋的龟，没法推辞，永远守正，吉利。天子祭祀上帝，吉利。

[注]

王，天子。

《象》曰："或益之"，自外来也。

[译]

《小象传》说："有人馈赠……"，是从外而来。

六三：益之用凶事，无咎。有孚中行，告公用圭。

[译]

六三爻：增益用于救灾，不受责备。这是有诚信的中行氏，执圭报告了公爵。

[注]

　　中行，一说"处于行动之中"。圭，玉制礼器。

《象》曰：益用凶事，固有之也。

[译]

　　《小象传》说：增益用于救灾，是一向如此。

　　六四：中行告公从，利用为依迁国。

[译]

　　六四爻：中行氏向公爵报告得到准许，宜于为寻依靠而迁徙国都。

《象》曰："告公从"，以益志也。

[译]

　　《小象传》说："向公爵报告得到准许"，用以坚定自己的决心。

　　九五：有孚惠心，勿问，元吉。有孚，惠我德。

[译]

　　九五爻：有诚信使心地善良，不必占问，本来就吉。有诚信，增进我的德行。

《象》曰："有孚惠心"，勿问之矣。"惠我德"，大得志也。

[译]

　　《小象传》说："有诚信使心地善良"，就不必占问了。"增进我的德行”，是充分实现了自己的志向。

　　上九：莫益之，或击之。立心无恒，凶。
[译]
　　上九爻：没人增益他，有人抨击他。心中没有操守，凶。

　　《象》曰：“莫益之”，偏辞也；“或击之”，自外来也。
[译]
　　《小象传》说：“没人增益他”，是就请求增益而无人响应这一方面而言；“有人抨击他”，是说抨击自外而来。
[注]
　　偏辞，孔颖达正义：“此有求而彼不应，是偏辞也。”

四三　夬

　　[解题] 夬(guài)，卦名，义为决。此卦讲述如何决断的问题。

　　▤(乾下兑上) 夬
　　扬于王庭，孚号有厉。告自邑。不利即戎，利有攸往。
[译]
　　决断在朝廷上公布，真诚宣告危险来临。报告来自各个城邑。不宜于出兵，宜于采取其他行动。

　　《彖》曰：夬，决也，刚决柔也[①]。健而说，决而和。“扬于王庭”，柔乘五刚也。“孚号有厉”，其危乃光也。“告自邑，不利即戎”，所尚乃穷也。“利有攸往”，刚长乃终也[②]。

[译]

《彖传》说：夬，意为决断、决定，刚直者决定柔邪者的命运。强健而喜悦，决断而和谐。"在朝廷上公布"，是由于柔邪凌驾于五位刚直者之上。"真诚宣告危险来临"，危险就能度过并且见到光明。"报告来自各个城邑，不宜于出兵"，是因为崇尚武力行不通。"宜于采取其他行动"，是因为刚直继续增长会使柔邪之道告终。

[注]

① 刚，指初九至九五都是阳爻；柔，指上六阴爻。

② 刚长，指阳爻继续增加。乃终，指将使该卦全为阳爻，象征消除柔邪小人之道。

《象》曰：泽上于天，夬。君子以施禄及下，居德则忌。

[译]

《大象传》说：泽居于天之上，其象征是夬卦。君子据此施恩惠于下属，但忌讳以德自居。

[注]

上卦兑为泽，下卦乾为天，所以是"泽上于天"。

初九：壮于前趾，往不胜，为咎。

[译]

初九爻：强行前进，却不能取胜，应受责备。

[注]

壮，强壮；前趾，脚趾。壮于前趾，意为勉强自己勇敢前进。壮，一说为伤。

《象》曰：不胜而往，咎也。

[译]

《小象传》说：不能取胜却要前往，要受责备的。

九二：惕号莫夜有戎，勿恤。

[译]

九二爻：夜间惊呼敌兵来了，不必理睬。

[注]

当是有人梦中惊呼。

《象》曰：有戎勿恤，得中道也。

[译]

《小象传》说：(听到惊呼)敌兵来了却不理睬，是懂得如何正确处理此事。

[注]

中道，即正道，正确的处事方式。

九三：壮于頄，有凶。君子夬夬独行，遇雨若濡，有愠无咎。

[译]

九三爻：勇气见于脸色，凶险。君子坚决果断独自前进，遇雨淋湿了衣裳，令人气恼，但不受责备。

[注]

頄(qiú)，颧骨，此处指面颊。

《象》曰："君子夬夬"，终无咎也。

[译]

　　《小象传》说："君子坚决果断……"，终究不受责备。

　　九四：臀无肤，其行次且。牵羊，悔亡。闻言不信。

[译]

　　九四爻：臀部皮开肉绽，行动艰难。如同牵羊，则可使悔恨消亡。（但他）听到这话却不相信。

[注]

　　次且，犹豫退缩，前进艰难。牵羊者在前，羊则不走；在后，羊就前行。比喻此时应甘处人后，才可没有悔恨。

　　《象》曰："其行次且"，位不当也。"闻言不信"，聪不明也。

[译]

　　《小象传》说："行动艰难"，是位置不适当。"听到这话却不相信"，是思想糊涂、不够聪明。

　　九五：苋陆夬夬。中行，无咎。

[译]

　　九五爻：采马齿苋易折易断。行为中正，不受指责。

[注]

　　朱熹《周易本义》："苋陆，今马齿苋。"

　　《象》曰："中行无咎"，中未光也。

[译]

　　《小象传》说："行为中正（仅仅）不受指责"，是中正的德行尚未发扬光大。

上六：无号，终有凶。

[译]

上六爻：无所号令，终究凶险。

《象》曰：无号之凶，终不可长也。

[译]

《小象传》说：无所号令的凶险，是因为终究无法维持。

四四　姤

[**解题**]姤(gòu)，遇合。本卦论述遇合的道理。

䷫(巽下乾上)姤

女壮，勿用取女。

[译]

遇合，遇到放荡的女人，可不要娶她。

[注]

壮，原义壮健。本卦一阴五阳，象征一女而五男，故译为"放荡"。

《彖》曰：姤，遇也，柔遇刚也。"勿用取女"，不可与长也。天地相遇，品物咸章也。刚遇中正，天下大行也。姤之时义大矣哉！

[译]

《彖传》说：姤，就是遇，柔遇到了刚。"不要娶她"，是因为相处不会长久。天地相遇,各种生物都各显风采。刚直遇到中正,天下事事都顺利进行。相遇时节,其意义是非常伟大的啊!

[注]

柔遇刚,即一阴爻(初爻)遇到了五个阳爻。

《象》曰:天下有风,姤。后以施命诰四方。

[译]

《大象传》说,天下面有风,这是姤卦的卦象。天子据此发布命令通告四面八方。

[注]

上卦乾为天,下卦巽为风,所以是"天下有风"。

初六:系于金柅,贞吉。有攸往,见凶,羸豕孚蹢躅。

[译]

初六爻:就像拴上了金属的车闸,守正才会吉利。到某个地方,见有凶险,(像)母猪一样躁动不安。

[注]

柅,拴在车下制动之物,故译为"车闸"。羸豕,指母猪。孚,此处通浮,浮躁意。蹢躅,躁动不安的样子。

《象》曰:"系于金柅",柔道牵也。

[译]

《小象传》说:"拴上了金属的车闸……",是说柔道牵制着。

九二:包有鱼,无咎,不利宾。

[译]

　　九二爻:厨房有鱼,不受责备,不适宜招待客人。

[注]

　　包,通庖,厨房。

《象》曰:"包有鱼",义不及宾也。

[译]

　　《小象传》说:"厨房有鱼",本来不是为招待客人的。

　　九三:臀无肤,其行次且,厉,无大咎。

[译]

　　九三爻:臀部皮开肉绽,行动艰难,十分痛苦,但没有大灾难。

《象》曰:"其行次且",行未牵也。

[译]

　　《小象传》说:"行动艰难",行动尚未找到依靠。

[注]

　　牵,牵据。意为帮助、依靠。

　　九四:包无鱼,起凶。

[译]

　　九四爻:厨房连鱼都没有了,要发生凶险。

《象》曰:无鱼之凶,远民也。

[译]

　　《小象传》说:无鱼的凶险,是远离了民众。

［注］

此句意为民众连鱼也不再供给他了。联系上句,可知"包有鱼"的鱼是下层民众送的,所以不适宜招待客人。

九五:以杞包瓜,含章。有陨自天。

［译］

九五爻:(如同)柳筐盛瓜,文采在内。只有上天能使他失败。

［注］

杞,杞柳,枝条柔顺,可编筐篓。章,文章,文采;含章,比喻人内蕴美德。

《象》曰:九五含章,中正也。"有陨自天",志不舍命也。

［译］

《小象传》说:处九五之位而能美德内蕴,是行为中正的表现。"只有上天能使他失败",是因为他不忘自己的使命。

上九:姤其角,吝,无咎。

［译］

上九爻:遭遇兽角,不愉快,但不受责备。

《象》曰:"姤其角",上穷,吝也。

［译］

《小象传》说:"遭遇兽角",是上到了尽头,所以不愉快。

四五　萃

［**解题**］萃,集聚。本卦讲述有关集聚的道理。

䷬（坤下兑上）萃

亨，王假有庙，利见大人。亨，利贞。用大牲吉，利有攸往。

[译]

集聚起来，合祭祖先，天子到了祖庙，宜于大人出现。已和神祇沟通，宜于占问。用肥大的牲畜吉利，宜于采取行动。

《彖》曰：萃，聚也。顺以说，刚中而应，故聚也。"王假有庙"，致孝享也。"利见大人亨"，聚以正也。"用大牲吉，利有攸往"，顺天命也。观其所聚，而天地万物之情可见矣！

[译]

《彖传》说：萃，聚集的意思。顺从而又喜悦，刚居中位得到了拥护，所以能够聚集。"天子到了祖庙"，是为了表达孝心而祭祀祖宗。"利于大人出现而且顺利"，因为是以正道聚集。"用肥大的牲畜吉利，宜于采取行动"，是因为随顺了天命。观察聚集的情况，天地万物的情况就可以知道了。

[注]

"顺以说"，指下卦坤为顺，上卦兑为悦（说）。"刚中而应"，指上卦阳爻居中，得到下卦居中之阴爻的响应。

《象》曰：泽上于地，萃。君子以除戎器，戒不虞。

[译]

《大象传》说：泽处于地之上，其象征是萃卦。君子据此检修武器，以防备突发事件。

[注]

上卦兑为泽，下卦坤为地，所以是"泽上于地"。除，检修。

初六：有孚不终，乃乱乃萃。若号，一握为笑。勿恤，往，无咎。

[译]

初六爻：有信约而不坚持，聚集就会发生混乱。若大声呼喊，就会引起众人嘲笑。但不要顾忌，继续进行，没有做错。

[注]

一握，王弼注：小之貌也。一握为笑，小声嘲笑。

《象》曰："乃乱乃萃"，其志乱也。

[译]

《小象传》说："聚集就会发生混乱"，是因为他的决心发生了动摇。

六二：引吉，无咎。孚，乃利用禴。

[译]

六二爻：有人引荐，吉利，不受责备。有诚信，就宜于实行禴祭。

[注]

禴，祭名。古代天子每年四次大祭祖宗，禴是其中比较简省之一种。

《象》曰："引吉无咎"，中未变也。

[译]

《小象传》说："有人引荐，吉利，不受责备"，是由于居中而没改变志向。

六三：萃如，嗟如，无攸利。往，无咎，小吝。

[译]

　　六三爻：聚集起来了，叹息也来了，没有什么补益。继续前进，没有过错，小有不快。

　　《象》曰："往无咎"，上巽也。

[译]

　　《小象传》说："继续前进没错"，是由于上级温和。

[注]

　　巽，顺从、温和。上爻为阴爻，所以说是上巽。

　　九四：大吉，无咎。

[译]

　　九四爻：大吉，才不受责备。

　　《象》曰："大吉无咎"，位不当也。

[译]

　　《小象传》说："大吉才不受责备"，是由于位置不当。

[注]

　　第四爻是阴位，九四以阳爻而居阴位，所以说是位置不当。

　　九五：萃有位，无咎。匪孚，元永贞，悔亡。

[译]

　　九五爻：聚集中居于尊贵地位，不受责备。没有信誉时，元首如能永远中正，就会远离悔恨。

[注]

　　程颐《程氏易传》道："元，首也，长也。为君德首出庶物……"

《象》曰："萃有位"，志未光也。

[译]

《小象传》说："聚集中居于尊贵地位……"，是由于他的志向未能发扬光大。

上六：赍咨涕洟，无咎。

[译]

上六爻：叹息流泪，不受责备。

[注]

赍咨，唐陆德明《周易音义》：嗟叹之辞。

《象》曰："赍咨涕洟"，未安上也。

[译]

《小象传》说："叹息流泪"，是由于处于上位心中不安。

四六　升

[解题]本卦讨论有关晋升的问题。

☷（巽下坤上）升

元，亨。用见大人，勿恤。南征吉。

[译]

晋升，开始，进行沟通。以此晋见大人，不要顾虑。前进是吉利的。

[注]

南征，程颐《程氏易传》、朱熹《周易本义》：前进也。

《彖》曰：柔以时升①，巽而顺②，刚中而应③，是以大亨。"用见大人，勿恤"，有庆也。"南征吉"，志行也。

[译]

《彖传》说：柔顺者在适当的时机晋升，谦卑而恭顺，刚居中与之呼应，所以处处通顺。"以此晋见大人，不要顾虑"，是因为有可庆贺之事。"前进是吉利的"，由于志向得到了实现。

[注]

① 指坤卦在上，依卦变说是由于坤卦升到了上卦。

② 顺，指坤卦的性质。

③ 指下卦阳爻居中，和上卦居中之阴爻相应。

《象》曰：地中生木，升。君子以顺德，积小以高大。

[译]

《大象传》说：树木从地下萌芽，是升的卦象。君子据此以重视德行，积小以成高大。

[注]

上卦坤为地，下卦巽为木，所以说是"地中生木"。顺德，王肃本作"慎德"，故译为重视德行。

初六：允升，大吉。

[译]

初六爻：必然晋升，大吉。

[注]

允，必然、应当。

《象》曰："允升大吉"，上合志也。

[译]

　　《小象传》说:"必然晋升,大吉",是由于与君上意向相合。

　　九二:孚,乃利用禴,无咎。

[译]

　　九二爻:诚信,就有利于实行禴祭,不受责备。

　　《象》曰:九二之孚,有喜也。

[译]

　　《小象传》说:九二爻的"诚信……",是因为将有喜事到来。

　　九三:升虚邑。

[译]

　　九三爻:登上无人防守的城墙。

　　《象》曰:"升虚邑",无所疑也。

[译]

　　《小象传》说:"登上无人防守的城墙",是由于无所猜疑。

[注]

　　不怀疑城内设有伏兵。

　　六四:王用亨于岐山,吉,无咎。

[译]

　　六四爻:天子在岐山举行祭祀,吉利,没有错误。

　　《象》曰:"王用亨于岐山",顺事也。

[译]

　　《小象传》说:"天子在岐山举行祭祀",是一件非常恰当的事。

　　六五:贞,吉,升阶。

[译]

　　六五爻:占问,吉利,晋升一级。

　　《象》曰:"贞吉升阶",大得志也。

[译]

　　《小象传》说:"占问吉利,晋升一级",充分实现了自己的志向。

　　上六:冥升,利于不息之贞。

[译]

　　上六爻:不知不觉地晋升,宜于不间断地坚守正道。

　　《象》曰:冥升在上,消,不富也。

[译]

　　《小象传》说:不知不觉地晋升到了极点,就会消衰,不会增益了。

四七　困

[解题]本卦讨论人处于困境的种种问题。

☵（坎下兑上）困

　　亨。贞，大人吉，无咎。有言不信。

[译]

　　处于困境，和神进行沟通。占问，大人吉利，没有错误。他的话没人相信。

　　《彖》曰：困，刚掩也。险以说，困而不失其所亨[1]，其唯君子乎！"贞，大人吉"，以刚中也[2]。"有言不信"，尚口乃穷也。

[译]

　　《彖传》说：困境，是刚被柔所掩盖了。危险之中有喜悦，处困境却不丧失能够亨通的言行，大约只有君子吧！"占问，大人吉利"，是由于刚处于中位。"他的话没人相信"，想凭口说来摆脱困境是不可能的。

[注]

　　① 所亨，所以亨通的言行，指平素的操守。

　　② 即上下卦都是阳爻居中。

　　《象》曰：泽无水，困。君子以致命遂志。

[译]

　　《大象传》说：泽中无水，其象征是困卦。君子据此不惜生命来实现自己的志向。

[注]

　　上卦兑为泽，下卦坎为水，所以说是"泽无水"。

　　初六：臀困于株木，入于幽谷，三岁不觌。

[译]

初六爻:掉入幽暗的山谷,臀部困于光秃的树干之上,多年没人发现。

[注]

依来知德《周易集注》,"臀困于株木,入于幽谷",是"倒言",即先入于幽谷,再困于株木。株木,光秃无枝叶的树木。三,不定数词,许多的意思。多年无人发现,极力形容困境之深。

《象》曰:"入于幽谷",幽,不明也。

[译]

《小象传》说:"掉入幽暗的山谷",幽,就是昏暗不明的意思。

九二:困于酒食,朱绂方来,利用享祀。征凶,无咎。

[译]

九二爻:喝得醺醺大醉,是突然来了做官的聘书,宜于祭祀祖宗神祇。轻举妄动则凶,不必怨尤他人。

《象》曰:"困于酒食",中有庆也。

[译]

《小象传》说:"喝得醺醺大醉",是因为有了可庆贺的事。

六三:困于石,据于蒺藜,入于其宫,不见其妻,凶。

[译]

六三爻:被满地乱石绊倒,手上扎了蒺藜,进到他的屋,不见他的妻,凶。

《象》曰："据于蒺藜"，乘刚也。"入于其宫不见其妻"，不祥也。

[译]

《小象传》说："手上扎了蒺藜"，是因为凌驾于阳刚之上；"进到他的屋，不见他的妻"，一定是发生了不幸。

[注]

六三爻处于九二爻之上，所以说是"乘刚"。

九四：来徐徐，困于金车。吝，有终。

[译]

九四爻：来的迟迟缓缓，豪华的车子出了麻烦。遭遇到难堪，但事情能够办成。

《象》曰："来徐徐"，志在下也，虽不当位，有与也。

[译]

《小象传》说："来的迟迟缓缓"，由于心思都在下边，虽然地位不高，但是有朋友帮助。

九五：劓刖，困于赤绂，乃徐有说。利用祭祀。

[译]

九五爻：遭受酷刑，被当官的作践，不过逐渐会有喜悦。宜于祭祀神祇。

[注]

劓，割掉鼻子。刖，割掉膝盖。

《象》曰："劓刖"，志未得也。"乃徐有说"，以中直也。

“利用祭祀”，受福也。

[译]

《小象传》说：“遭受酷刑”，是由于不得志；“不过逐渐会有喜悦”，是因为处心正直；“宜于祭祀神祇”，因为可以求得神祇的佑护。

上六：困于葛藟，于臲卼，曰动悔。有悔，征吉。

[译]

上六爻：被葛藤缠绕，惶恐不安，动则有悔恨。若能悔改，行动就会吉利。

[注]

臲（niè）卼（wù），不安貌。

《象》曰：“困于葛藟”，未当也。动悔有悔，吉行也。

[译]

《小象传》说：“被葛藤缠绕”，是处事不当。动有悔恨而能悔改，这是吉利的行为。

四八　井

[解题]这一卦讲述井的故事和作用。

䷯（巽下坎上）井

改邑不改井，无丧无得，往来井井。汔至，亦未繘井，羸其瓶，凶。

[译]

井，村镇面貌改变，井不改变，没有损失也没有收获，来来往往都从井中汲水。到井边,绳还未下井,却碰坏了水罐,凶。

[注]

　　繘,绳子。

　　《彖》曰:巽乎水而上水[①],井。井养而不穷也。"改邑不改井",乃以刚中也[②]。"汔至,亦未繘井",未有功也。"羸其瓶",是以凶也。

[译]

　　《彖传》说:木入于水中而木上又是水,就是井。井的养育是没有穷尽的。"村镇面貌改变,井不改变",是由于刚居中位。"到井边,绳还未下井",是还没有成效。"碰坏了水罐",所以是凶。

[注]

　　① 巽为木,为入,故"巽乎水"译为"木入于水中"。
　　② 刚中,本卦阳爻居中位。

　　《象》曰:木上有水,井。君子以劳民劝相。

[译]

　　《大象传》说:木上有水,其象征是井卦。君子据此使用民力,规劝他们互相帮助。

[注]

　　上卦坎为水,下卦巽为木,所以是"木上有水"。相,帮助。

　　初六:井泥,不食。旧井,无禽。

[译]

　　初六爻:井中尽泥,不能食用。这口废井,鸟兽也不光顾。

《象》曰："井泥不食"，下也。"旧井无禽"，时舍也。

[译]

《小象传》说："井中尽泥，不能食用"，因为泥是水下的东西。"这口废井，鸟兽也不光顾"，是被时代抛弃了。

九二：井谷射鲋，瓮敝漏。

[译]

九二爻：井水像溪水一样喷射到蛤蟆身上，是打水的陶瓷破漏了。

[注]

鲋，有人认为是小鱼，有人认为是蛤蟆。

《象》曰："井谷射鲋"，无与也。

[译]

"井水像溪水一样喷射到蛤蟆身上"，是无人相助。

九三：井渫不食，为我心恻。可用汲，王明，并受其福。

[译]

九三爻：井掏净了却不能食用，使我难过。可以打水了，王者英明，大家都蒙受幸福。

[注]

渫，掏治。汲，打水。因为水瓮漏了，所以掏净的井水也不能食用。

《象》曰："井渫不食"，行恻也。求王明，受福也。

[译]

《小象传》说："井掏净了却不能食用"，行人心中难过。祈求王者英明，是要蒙受幸福。

六四：井甓，无咎。

[译]

六四爻：把井砌好，没有过错。

《象》曰："井甓无咎"，修井也。

[译]

《小象传》说："把井砌好没有过错"，这是对井进行维修。

九五：井洌，寒泉食。

[译]

九五爻：井水清澈甘美，这是吃到了深处的泉水。

[注]

泉深则水寒，故译"寒泉"为"深处的泉水"。

《象》曰：寒泉之食，中正也。

[译]

《小象传》说：深处泉水的被食用，符合中正之道。

上六：井收，勿幕。有孚，元吉。

[译]

上六爻：打完水，不要加盖。信任别人，原本就吉利。

《象》曰：元吉在上，大成也。

[译]

《小象传》说，最上一爻是元吉，这是获得了完全成功。

四九　革

[**解题**]本卦解释变革的道理。

☲（离下兑上）革

已日乃孚。元,亨,利贞,悔亡。

[译]

变革,过些日子才能得到信任。开始,进行沟通,利于占问,不会有悔恨。

《彖》曰:革,水火相息。二女同居[1],其志不相得,曰革。"已日乃孚",革而信之。文明以说[2],大亨以正,革而当,其悔乃亡。天地革而四时成。汤武革命[3],顺乎天而应乎人。革之时大矣哉!

[译]

《彖传》说:革,就是水火互相消灭。两个女子同一丈夫,她们的愿望不能协调,叫做革。"过些日子才能得到信任",是变革取得了信任。条理清楚并且喜悦,祭祀隆重并且言行端正,变革又适宜恰当,所以他才不会有悔恨。天地变革,成就了一年四季。商汤和周武王的革命,顺乎天意又合乎民心。变革的时机,是非常重要的啊!

[注]

① 指二位女子同嫁一个丈夫。

② "文明"指下卦离;"说"同悦,指上卦兑。

③ 汤武,指商朝第一个君主汤和周朝第一个君主武王。他们

都是用武装手段夺取了政权。中国古代认为，君主是上帝（天）所任命的，所以夺取政权称为"革命"，即革去他人所接受的天命。

《象》曰：泽中有火，革。君子以治历明时。

[译]

《大象传》说：泽中有火，其象征是革卦。君子据此以制订历法，阐明时令。

[注]

上卦兑为泽，下卦离为火，所以是"泽中有火"。

初九：巩用黄牛之革。

[译]

初九爻：加固用黄牛的皮。

[注]

此爻指变革之初，先不要行动，一定要严守旧规。

《象》曰："巩用黄牛"，不可以有为也。

[译]

《小象传》说："加固用黄牛的皮"，是不可有所作为。

六二：已日乃革之，征吉，无咎。

[译]

六二爻：过些日子再改革，做起来吉利，不会出错。

《象》曰："已日革之"，行有嘉也。

[译]

《小象传》说:"过些日子再改革",行动会得到赞扬。

九三:征凶,贞厉。革言三就,有孚。

[译]

九三爻:行动凶险,占问,有危险。多次说明改革的必要,终于取得了信任。

《象》曰:"革言三就",又何之矣?

[译]

《小象传》说:"多次说明改革的必要",此外还能怎么做呢?

[注]

指只能这样取得对改革的信任,再无其他办法。

九四:悔亡。有孚,改命吉。

[译]

九四爻:不会后悔。有信用,革命吉利。

[注]

改命,就是革命。

《象》曰:改命之吉,信志也。

[译]

《小象传》说:革命吉利,因为实现了志向。

[注]

信,伸展。

九五：大人虎变，未占有孚。

[译]

九五爻：大人的变革像老虎，尚未占问就能得到信任。

[注]

大人，英明的君主。

《象》曰："大人虎变"，其文炳也。

[译]

《小象传》说："大人的变革像老虎"，是说虎皮花纹色彩斑斓。

上六：君子豹变，小人革面。征凶，居贞吉。

[译]

上六爻：君子的变革像豹子，小人变革自己的面目。继续变革凶险，保守成果吉利。

《象》曰："君子豹变"，其文蔚也。"小人革面"，顺以从君也。

[译]

《小象传》说："君子的变革像豹子"，豹子的花纹美丽多彩。"小人变革自己的面目"，表示温顺地服从君主。

[注]

蔚，美丽多彩。

五○　鼎

[解题]鼎，古代烹煮的食具。烹煮，每次都要加入新食物。本

卦以此为名，讲述迎新的原则。

䷱（巽下离上）鼎

　　元吉、亨。

[译]

　　鼎，原本就吉利，已经沟通的。

　　《彖》曰：鼎，象也。以木巽火[1]，亨饪也。圣人亨以享上帝，而大亨以养圣贤[2]。巽而耳目聪明，柔进而上行，得中而应乎刚，是以元亨[3]。

[译]

　　《彖传》说：鼎，一种象征。（象征）把木柴放入火里，进行烹饪。圣人烹饪用于祭祀上帝，大规模烹饪供养圣贤。温顺就耳目聪明，柔进一步向上，就是中位，和刚相应，所以原本就亨通。

[注]

　　① 巽，入。鼎卦下卦为巽，上卦为离。巽为木，离为火，所以说是木入于火中。

　　② 亨，通烹，烹饪的意思。

　　③ 这里的柔，指初爻为阴爻；中，指六五为中位；刚指九二阳爻。

　　《象》曰：木上有火，鼎。君子以正位凝命。

[译]

　　《大象传》说：木上有火，其象征是鼎卦。君子据此以整顿职位，严格责任。

[注]

　　下卦巽为木，上卦离为火，所以是"木上有火"。正，整顿上下尊卑的秩序。凝，严肃。

　　初六：鼎颠趾，利出否。得妾以其子，无咎。

[译]

　　初六爻：把鼎倒过来，利于倾倒污秽。因为妾生儿子而提高妾的地位，不会受到责备。

[注]

　　颠，颠倒，倾覆。趾，脚。否(pǐ)，污秽。妾，次妻；得妾，提高次妻地位。因为妾生了个好儿子，因而地位提高，如同把鼎头脚颠倒过来。

　　《象》曰："鼎颠趾"，未悖也。"利出否"，以从贵也。

[译]

　　《小象传》说："把鼎倒过来"，没有违背原则。"利于倾倒污秽"，以便装入新鲜食物。

[注]

　　从贵，指装入新鲜食物。

　　九二：鼎有实，我仇有疾，不我能即，吉。

[译]

　　九二爻：鼎中有食物，我的仇人有重病，不能到来，吉利。

　　《象》曰："鼎有实"，慎所之也。"我仇有疾"，终无尤也。

[译]

　　《小象传》说："鼎中有食物"，要慎重自己的选择；"我的仇人有重病"，我就完全不会担忧了。

[注]

　　尤,担忧。

　　九三:鼎耳革,其行塞,雉膏不食。方雨亏悔,终吉。

[译]

　　九三爻:鼎耳坏了,搬动困难,肥美的野鸡不能烹吃了。正要下雨,因而减少了懊悔,最终吉利。

　　《象》曰:"鼎耳革",失其义也。

[译]

　　《小象传》说："鼎耳坏了",就失去了它的作用。

　　九四,鼎折足,覆公悚,其形渥,凶。

[译]

　　九四爻:鼎脚折断,弄洒了公爵的美食,其罪应在室内斩杀,凶。

[注]

　　形渥,四库本认为应作"刑剭",在室内斩杀。

　　《象》曰:"覆公悚",信如何也?

[译]

　　"弄洒了公爵的美食",将会怎么样呢?

六五：鼎黄耳、金铉，利贞。

[译]

六五爻：鼎，金黄的耳，金属的铉，宜于占问。

[注]

铉，穿过鼎耳以便举起的用具。

《象》曰："鼎黄耳"，中以为实也。

[译]

《小象传》说："鼎，金黄的耳……"，这是说鼎中可以填东西了。

上九：鼎玉铉，大吉，无不利。

[译]

上九爻：鼎有玉铉，大吉，没有不顺利。

《象》曰：玉铉在上，刚柔节也。

[译]

《小象传》说：玉铉在鼎上，象征刚柔互相节制。

五一　震

[解题]震动，本卦特别指雷震。古人认为，雷震是天怒，人，特别是君子，应该表示畏惧，并反省自己的行为。本卦描述雷震的各种表现以及君子应该如何对待的种种问题。

（震下震上）震

亨。震来虩虩，笑言哑哑。震惊百里，不丧匕鬯。

[译]

雷声震动,祭祀神祇。雷震袭来,惊惧严肃。继而笑容坦然,言行自若。雷声震惊百里,不失落手中的汤匙和香酒。

[注]

虩虩(xì),恐惧的样子。匕,汤匙。鬯(chǎng),香酒。这是描述在雷声袭来的时候,主祭者仍然从容祭祀的事。

《彖》曰:“震,亨。”“震来虩虩”,恐致福也;“笑言哑哑”,后有则也。“震惊百里”,惊远而惧迩也。出可以守宗庙社稷,以为祭主也。

[译]

《彖传》说:“雷声震动,祭祀神祇。”“雷震袭来,惊惧严肃”,因为恐惧可以使神降福。“继而笑容坦然,言行自若”,这是雷声过后遵循行为的规则。“雷声震惊百里”,惊动远方并恐吓附近。(不失落手中的汤匙和香酒的人),出任国君就可以保持国家安全,做祭祀的主持者。

[注]

四库本认为,“出可以守宗庙社稷”前应有“不丧匕鬯”四字。宗庙,祭祀祖宗神的庙宇;社稷,指社神(土神)和稷神(谷神)或它们的祭坛。宗庙、社稷是国家的象征。中国古代政教一体,祭祀权力高于行政权力。做主祭者,就是做掌握最高权力的君主。

《象》曰:洊雷,震。君子以恐惧修省。

[译]

《大象传》说:雷声接着雷声,其象征是震卦。君子据此恐惧神祇,反省自己。

[注]

洊，再次。震为雷。本卦上卦下卦都是震，所以说是"洊雷"。

初九：震来虩虩，后笑言哑哑。吉。

[译]

初九爻：雷震袭来，惊惧严肃；继而笑容坦然，言行自若。吉利。

《象》曰："震来虩虩"，恐致福也。"笑言哑哑"，后有则也。

[译]

《小象传》说："雷震袭来，惊惧严肃"，因为恐惧可以使神降福。"笑容坦然，言行自若"，这是雷声过后遵循行为的规则。

六二：震来厉，亿丧贝，跻于九陵。勿逐，七日得。

[译]

六二爻：疾雷响起，唉呀，丢失了行李，急忙登上高高的山陵。不要找了，七天后可以得到。

[注]

亿，语气词。这是讲一个人在疾雷到来的时候，想起丢失了行装，急忙回头去山路上寻找的情况。"不要找了……"的话，是别人的劝告。

《象》曰："震来厉"，乘刚也。

[译]

《小象传》说："疾雷响起"，意思是柔弱凌驾于刚强之上。

[注]

乘刚,指六二阴爻,凌驾于初九阳爻之上。

六三:震苏苏,震行无眚。

[译]

六三爻:雷声断断续续,这样的雷声不会造成灾害。

《象》曰:"震苏苏",位不当也。

[译]

《小象传》说:"雷声断断续续",是由于位置不当。

九四:震遂泥。

[译]

九四爻:雷声停滞。

[注]

泥,通尼。

《象》曰:"震遂泥",未光也。

[译]

《小象传》说:"雷声停滞",未能发扬光大。

六五:震往来厉,亿,无丧有事。

[译]

六五爻:疾雷滚来滚去,唉,别坏了我的事。

《象》曰:"震往来厉",危行也。其事在中,大无丧也。

[译]

《小象传》说："疾雷滚来滚去"，是危险的行动。他的事业就在中位，所以特别盼望不要受到破坏。

[注]

大，特别重视的意思。

上六：震索索，视矍矍，征凶。震不于其躬，于其邻，无咎。婚媾有言。

[译]

上六爻：雷声轰轰隆隆，目光闪闪烁烁，行动凶险。雷击不在自身，而在邻居，没有灾难。但婚姻之事会有闲言。

《象》曰："震索索"，未得中也。虽凶无咎，畏邻戒也。

[译]

《小象传》说："雷声轰轰隆隆"，是没有得到中位。虽然凶险但没有灾难，是由于畏惧邻居之事因而约束自己。

五二　艮

[**解题**]艮，停止的意思。本卦说明有关停止的道理和作用，告诉人们该行动的时候再行动，不该行动的时候，要善于停止下来。

（艮下艮上）艮

其背，不获其身；行其庭，不见其人。无咎。

[译]

（目光）停止于他的背上，就看不见他的前身；走过大庭，视而不见他们的人。不会受人责备。

《彖》曰：艮，止也。时止则止，时行则行，动静不失其时，其道光明。艮其止，止其所也。上下敌应，不相与也，是以"不获其身；行其庭，不见其人，无咎"也。

[译]

《彖传》说：艮，是停止的意思。该停止的时候就停止，该行动的时候就行动，行动和静止都不失时机，他的道路就宽广而明朗。艮所说的停止，是停止于该停止的地方。上卦下卦相应的爻都势均力敌，不相交往，所以"看不见他的前身；走过大庭，视而不见他们的人，不会受到责备"啊。

[注]

上下敌应，指上卦下卦对应的爻都相同，象征人事双方势均力敌。

《象》曰：兼山，艮。君子以思不出其位。

[译]

《大象传》说：山上又是山，其象征是艮卦。君子据此不想职责以外之事。

[注]

艮为山，本卦上下都是艮，所以是"兼山"。

初六：艮其趾，无咎，利永贞。

[译]

初六爻：停下他的脚步，不会受到责备，宜于永远坚守正道。

[注]

趾，泛指脚，意为脚步。

《象》曰："艮其趾"，未失正也。

[译]

《小象传》说："停下他的脚步"，是没有失去正道。

六二：艮其腓，不拯其随，其心不快。

[译]

六二爻：止住他的腿肚，他的脚就抬不起来，他的心就不愉快。

[注]

随，脚。

《象》曰："不拯其随"，未退听也。

[译]

《小象传》说："他的脚抬不起来"，是还没有退让和服从。

[注]

听，服从的意思。不服从，所以还想"抬脚"行动；抬不起，就不愉快。

九三：艮其限，列其夤，厉薰心。

[译]

九三爻：搂住他的腰，就隔绝了他的躯干上下，焦急煎熬着他的心。

[注]

限，腰；夤，夹脊肉，泛指躯干。列其夤，直译为：使他的夹脊肉上下分裂。

《象》曰:"艮其限",危薰心也。

[译]

《小象传》说:"搂住他的腰……",危险煎熬着他的心。

六四:艮其身,无咎。

[译]

六四爻,止住他的身躯,没有过错。

[注]

身,躯干。

《象》曰:"艮其身",止诸躬也。

[译]

《小象传》说:"止住他的身躯",就是止住了他自己。

[注]

躬,身体全部。

六五:艮其辅,言有序,悔亡。

[译]

六五爻:管住面颊,说话有条理,不会后悔。

[注]

辅,面颊。管住面颊,也就是管住嘴巴。序,一作孚。

《象》曰:"艮其辅",以中正也。

[译]

《小象传》说:"管住面颊……",以便使言语合适、正确。

上九:敦艮,吉。

[译]

上九爻:切实地坚持艮止原则,吉利。

《象》曰:"敦艮"之吉,以厚终也。

[译]

《小象传》说:"切实坚持艮止原则"的吉利,是由于他重视到底。

五三　渐

[**解题**]渐,逐渐。本卦用天鹅不断升高的例子,比喻人要不断地提高自己,特别是提高自己的道德。

䷴(艮下巽上)渐

女归吉,利贞。

[译]

循序渐进,嫁女吉利,宜于守正。

《彖》曰:渐之进也,女归吉也。进得位,往有功也。进以正,可以正邦也。其位,刚得中也[①]。止而巽[②],动不穷也。

[译]

《彖传》说:逐渐的进展,嫁女是吉利的。前进得到适当的地位,行动就有了功效。前进遵守正道,可以使国家归于正道。从爻位上说,是刚直得了中位。静止而谦逊,行动不会穷困。

[注]

　① 刚得中，指第五爻为阳，居上卦中位。

　② 止而巽，指上卦为艮，艮为止；下卦为巽，巽有谦逊的意思。

《象》曰：山上有木，渐。君子以居贤德善俗。

[译]

《大象传》说：山上有树木，其象征是渐卦。君子据此保持高尚道德，改善社会风气。

[注]

下卦艮为山，上卦巽为木，所以是"山上有木"。

初六：鸿渐于干，小子厉有言。无咎。

[译]

初六爻：天鹅慢慢地上了岸，小孩恐吓地喊了起来。不会遭受伤害。

[注]

鸿，天鹅。干，河岸。

《象》曰：小子之厉，义无咎也。

[译]

《小象传》说：小孩的恐吓，本来是不会有伤害的。

[注]

义，本义。

六二：鸿渐于磐，饮食衎衎，吉。

[译]

六二爻:天鹅慢慢地走到了磐石上,欢快地吃起东西来,吉利。

[注]

衎(kàn),欢乐的样子。

《象》曰:"饮食衎衎",不素饱也。

[译]

"欢快地吃起东西来",是它平素没有吃饱啊。

九三:鸿渐于陆。夫征不复,妇孕不育,凶。利御寇。

[译]

九三爻:天鹅慢慢走到了陆地上。丈夫出征不能回来,妻子怀孕但不敢把孩子生出来,将有大祸临头。宜于抵御盗贼。

《象》曰:"夫征不复",离群丑也。"妇孕不育",失其道也。利用御寇,顺相保也。

[译]

《小象传》说:"丈夫出征不能回来",是由于投奔了恶人。"妻子怀孕不敢把孩子生出来",是由于丧失了正道。用于抵御盗贼有利,是顺从以便互相保护。

[注]

离,同丽,附丽。丑,坏人。失其道,指和他人私通。

六四:鸿渐于木,或得其桷,无咎。

[译]

六四爻:天鹅慢慢地上到了树上,可巧占到了平直而粗大的树枝,没有灾难。

[注]

　　桷,方椽。指可做椽子的平直而粗大的树枝。

《象》曰:"或得其桷",顺以巽也。

[译]

　　《小象传》说:"可巧占到了平直而粗大的树枝",是顺从并且谦让的结果。

九五:鸿渐于陵,妇三岁不孕,终莫之胜,吉。

[译]

　　九五爻:天鹅慢慢地走上了山陵,妻子三年不怀孕,到底无人能够使其失贞,吉利。

《象》曰:"终莫之胜,吉",得所愿也。

[译]

　　"到底无人能够使其失贞,吉利",是因为能够坚持自己的心愿。

上九:鸿渐于陆,其羽可用为仪,吉。

[译]

　　上九爻:天鹅慢慢地飞上了云天,它的羽毛可以用做仪仗的装饰,吉利。

[注]

　　陆,繁体为陸。胡瑗认为,陸,当为逵,指云路。仪,指仪仗旗帜上面的装饰。以其羽为仪,比喻道德高尚者可以做他人的榜样。

《象》曰："其羽可用为仪,吉",不可乱也。

[译]

《小象传》说:"它的羽毛可以用做仪仗的装饰,吉利",是由于他的志向不可动摇。

五四　归妹

[**解题**]归妹,即嫁妹,泛指嫁女,特指作为妹妹陪姐姐出嫁做妾。古代称女子出嫁为归,即终身有了归宿。本卦讲作为妹妹陪嫁做妾应该注意的问题,以及与婚姻有关的其他事项。

䷴(兑下震上)归妹

征凶,无攸利。

[译]

作为妹妹陪嫁,主动追求就有祸殃,没什么好处。

[注]

战国之前,诸侯娶妻,以妹妹一至数人从嫁。此卦告诫从嫁者不可与正妻争宠。

《彖》曰:归妹[1],天地之大义也。天地不交而万物不兴。归妹,人之终始也。说以动,所归妹也。"征凶",位不当也。"无攸利",柔乘刚也[2]。

[译]

《彖传》说:婚姻,是天地间神圣的法则。天地不交合万物就不会产生。婚姻,是人的归宿和开始。喜悦而主动,是陪嫁来的妹妹。"主动追求有祸殃",是由于位置不当。"没什么好处”，是由于柔弱凌驾于刚强之上。

[注]

① 归妹，此处指一般婚姻。

② 本卦下卦一阴爻处于二阳爻之上，上卦二阴爻处于一阳爻
　 之上，所以说是“柔乘刚”。

《象》曰：泽上有雷，归妹。君子以永终知敝。

[译]

《大象传》说：泽上有雷，其象征是归妹的卦象。君子据此察知这种婚姻终究要出曲折。

[注]

上卦震为雷，下卦兑为泽，所以是“泽上有雷”。

初九：归妹以娣，跛能履，征吉。

[译]

初九爻：作为妹妹陪嫁做娣，像跛子也能穿鞋走路，行动吉利。

[注]

娣，妹妹随姊做妾称娣。认识到自己为娣，虽然也能尽妻子的义务，但由于不是正妻，所以就像跛子不是正常人也能穿鞋走路。以这样的认识去行动，就会吉利。

《象》曰：“归妹以娣”，以恒也；“跛能履吉”，相承也。

[译]

《小象传》说：“作为妹妹陪嫁做娣”，为的是婚姻关系长久；“像跛子也能穿鞋走路，行动吉利”，是由于承担做妾的义务。

九二：眇能视，利幽人之贞。

[译]

九二爻：如眇者能视，幽人守正才有利。

[注]

眇，一目盲；幽人，不得志者。此爻辞意思是：居于妾位的妹妹，虽然也能履行妻子义务，但不过如眇者的能视而已。处于这样的地位，只有遵守正道，才是有利的。

《象》曰："利幽人之贞"，未变常也。

[译]

《小象传》说："幽人守正才有利"，是由于没有改变常规。

六三：归妹以须，反归以娣。

[译]

六三爻：妹妹出嫁是由于男方需要，又返回以娣的身份出嫁。

[注]

须，需。男方要把妹妹做正妻，但做正妻的姐姐还存在，所以又返回作为娣再嫁。

《象》曰："归妹以须"，未当也。

[译]

《小象传》说："妹妹出嫁是由于男方需要"，这是不恰当的。

九四：归妹愆期，迟归有时。

[译]

九四爻：出嫁的日期已经过去，推迟到另一个日子。

《象》曰:愆期之志,有待而行也。

[译]

《小象传》说:过期的想法,是由于要等待时机再嫁。

六五:帝乙归妹,其君之袂,不如其娣之袂良。月几望,吉。

[译]

六五爻:帝乙嫁妹,要做正妻的姐姐的嫁衣,没有要做娣的妹妹的嫁衣漂亮。就像将到望日的月亮,吉利。

[注]

帝乙,商朝的一个君主。君,此处指作为正妻出嫁的姐姐。袂,衣袖,泛指衣服。

《象》曰:"帝乙归妹","不如其娣之袂良"也,其位在中,以贵行也。

[译]

《小象传》说:"帝乙嫁妹……(姐姐)没有做娣的妹妹的嫁衣漂亮……(仍然吉利)",是由于她处于正位,以高贵身分嫁出的缘故。

[注]

其位在中,指六五爻处于中位,比喻姐姐处于正位。

上六:女承筐,无实;士刲羊,无血。无攸利。

[译]

上六爻:女子提筐,没有物品;男子杀羊,刺不出血。不是好事。

《象》曰：上六"无实"，承虚筐也。

[译]

《小象传》说：上六爻所说的"没有物品"，说的是女子提了个空筐。

五五　丰

[解题]丰，宏大。本卦主要讲遇到大事的种种情况。

䷶（离下震上）丰

亨，王假之，勿忧。宜日中。

[译]

盛大祭祀，天子到场，不必担忧。正午祭祀适宜。

[注]

假之，来到。

《彖》曰：丰，大也。明以动，故丰。"王假之"，尚大也。"勿忧，宜日中"，宜照天下也。日中则昃，月盈则食，天地盈虚，与时消息，而况于人乎！况于鬼神乎！

[译]

《彖传》说：丰，就是宏大。明亮而且震动，所以是大。"天子到场"，那是因为重视大事。"不必担忧，正午祭祀适宜"，因为日当正午普照天下。太阳到了正午就要偏斜，月亮一旦圆满就要亏缺。天地尚且一圆一缺，随着时间推移消长，何况人呢！何况鬼神呢！

[注]

丰下卦离为明；上卦震为动。所以说"明以动"。

《象》曰：雷电皆至，丰。君子以折狱致刑。

[译]

《大象传》说：雷电交加，其象征是丰卦。君子据此断狱用刑。

[注]

震为雷，离为明，为闪电，所以是"雷电皆至"。

初九：遇其配主，虽旬无咎。往有尚。

[译]

初九爻：外出遇上了女主人，只在她家住十天无妨。去她那里会得到奖赏。

[注]

配主，女主人。虽，帛书为"唯"。尚，同赏。

《象》曰："虽旬无咎"，过旬灾也。

[译]

《小象传》说："只在她家住十天无妨"，过了十天就会有灾。

六二：丰其蔀，日中见斗，往得疑疾。有孚发若，吉。

[译]

六二爻：阴影越来越大，白天出现了星斗，出门观看产生了严重的怀疑。心有诚信从而阴影散去，吉祥。

[注]

蔀，蔽日之云，此处指日食造成的阴影。发若，拨之，散阴见日意。

《象》曰:"有孚发若",信以发志也。

[译]

《小象传》说:"心有诚信从而阴影散去",是说诚信开发了心志。

九三:丰其沛,日中见沫。折其右肱,无咎。

[译]

九三爻:好像张开了帷幔,白天出见了小星星。折断了右臂,不受责备。

[注]

沛,帷幔,此处指日食造成的阴影。沫,微小意,此处指小星星。

《象》曰:"丰其沛",不可大事也。"折其右肱",终不可用也。

[译]

《小象传》说:张开帷幔,不能做大事了。折了右臂,就完全不能用了。

九四:丰其蔀,日中见斗。遇其夷主,吉。

[译]

九四爻:阴影越来越大,白天出现了星斗。遇到了旧主人,吉祥。

[注]

夷,平常,转意为旧。

《象》曰："丰其蔀"，位不当也。"日中见斗"，幽不明也。"遇其夷主"，吉，行也。

[译]

《小象传》说："阴影越来越大"，因为位置不当。"白天出现了星斗"，是说幽暗不明。"遇到了旧主人"，吉祥，走吧。

[注]

九四阳爻处阴位，所以说是"位不当"。

六五：来章，有庆誉。吉。

[译]

六五爻：出头的日子来了，有喜庆、荣光。吉祥。

[注]

章，即彰，表彰。

《象》曰：六五之吉，有庆也。

[译]

《小象传》说：六五的吉，是说有喜庆之事。

上六：丰其屋，蔀其家，窥其户，阒其无人。三岁不觌，凶。

[译]

上六爻：如此大的房子，如此密闭的家，从门缝偷偷窥视，静悄悄了无一人。都三年不见有人了，出了凶事。

[注]

丰其屋，扩大房子，此处转意为大的房子。蔀其家，遮蔽庭院意，此处转意为密闭的家。阒，静静的样子。

《象》曰："丰其屋",天际翔也。"窥其户,阒其无人",
自藏也。

[译]

《小象传》说:"扩建房屋",那是处在飞黄腾达的时候。"从
门缝偷偷窥视,静悄悄了无一人",是说各自都藏了起来。

[注]

际翔,一作"降祥",即天降的灾祸。

五六　旅

[解题]旅,出外旅行。本卦主要讲出外旅行的种种遭遇。

☶(艮下离上)旅

小亨。旅,贞,吉。

[译]

外出旅行,小祭一下。旅行,占问,吉祥。

《彖》曰:"旅,小亨",柔得中乎外而顺乎刚[1]。止而丽
乎明[2]。是以"小亨,旅贞吉"也。旅之时义大矣哉!

[译]

《彖传》说:"旅行,较为通畅",那是因为柔顺存于心而外面
顺从刚强。羁旅之时依倚明主,所以说"较为通畅,旅行守正则
吉祥"呀。旅行的时节,其意义是非常重要的啊!

[注]

① 本卦二、五爻都是阴爻,所以是"柔得中";二、五爻之上都
　　是阳爻,所以是"外而顺乎刚"。

②　下卦艮为山，为止；上卦离为火，为明。所以说是"止而丽
　　乎明"。

《象》曰：山上有火，旅。君子以明慎用刑而不留狱。
[译]
　　《大象传》说：山上有火，这是旅卦的卦象。君子据此明晓
慎用刑罚而不拖延讼事。
[注]
　　上卦离为火，下卦艮为山，所以是"山上有火"。

　　初六：旅琐琐，斯其所取灾。
[译]
　　初六爻：旅途中抠抠索索，这是招来灾祸的原因。
[注]
　　琐琐，细小卑下的样子。

　　《象》曰："旅琐琐……"，志穷灾也。
[译]
　　《小象传》说："旅途中抠抠索索……"，这是说没有志向，招
来灾祸。

　　六二：旅即次，怀其资，得童仆，贞。
[译]
　　六二爻：旅行到了客舍，带着他的财物，得到一个奴仆，占问
吉凶。
[注]
　　次，客舍。

《象》曰:"得童仆,贞",终无尤也。

[译]

《小象传》说:"得奴仆,出于正道",肯定不会引来麻烦。

九三:旅焚其次,丧其童仆,贞,厉。

[译]

九三爻:旅途中客舍失火,失去了奴仆。占问,危险。

《象》曰:"旅焚其次",亦以伤矣。以旅与下,其义丧也。

[译]

《小象传》说:"旅途中客舍失火",也算是受到了伤害。以旅者的身份与下人共事,理当有失。

九四:旅于处得其资斧,我心不快。

[译]

九四爻:旅者于住处找到了他的钱物,可是仍然不开心。

[注]

斧,古代斧形钱币。

《象》曰:"旅于处",未得位也。"得其资斧",心未快也。

[译]

《小象传》说:"旅者在住处",处的位置不当。"找到了他的钱物",心中仍然不快活。

[注]

九四以阳爻处阴位,所以是"未得位"。

六五:射雉,一矢亡,终以誉命。

[译]

六五爻:射野鸡,丢了一支箭,最后得到了赞誉。

《象》曰:"终以誉命",上逮也。

[译]

《小象传》说:"最后得到了赞誉",因为君上知道了。

[注]

逮,到达意。

上九:鸟焚其巢,旅人先笑后号咷。丧牛于易,凶。

[译]

上九爻:鸟巢失了火,旅者先笑后嚎啕大哭。在易国丢了牛,凶险。

[注]

易,地名。

《象》曰:以旅在上,其义焚也。"丧牛于易",终莫之闻也。

[译]

《小象传》说:以旅者的身份处于上位,遭受焚烧合于情理。"在易国丢了牛",最后也没有下落。

五七　巽

[解题]巽,顺从、卑微。此卦主要讲处在卑微地位的种种情况。

䷸（巽下巽上）巽

小亨。利有攸往,利见大人。

[译]

卑微恭顺,小做沟通。宜于有所行动,宜于大人出现。

《彖》曰:重巽以申命[1],刚巽乎中正而志行[2],柔皆顺乎刚[3],是以"小亨,利有攸往,利见大人"。

[译]

《彖传》说:加倍恭顺的情况下宣布政令,刚恭顺于中正因而志向得以实现,柔完全恭顺于刚,所以"小有亨通,宜于有所行动,宜于大人出现"。

[注]

① 重巽,指本卦为两巽卦重叠。

② 本卦二、五皆为阳爻,所以说是"刚巽乎中正"。

③ 本卦初、四阴爻,都处在阳爻之下,所以是"柔皆顺乎刚"。

《象》曰:随风,巽。君子以申命行事。

[译]

《大象传》说:两风相随,其象征是巽卦。君子据此宣布政令,实施政事。

[注]

巽为风,巽卦上下皆巽,所以是"随风"。

初六:进退? 利武人之贞。

[译]

初六爻:进退两难,宜于军人守正。

《象》曰:"进退",志疑也。"利武人之贞",志治也。

[译]

　　《小象传》说:"进退两难",是志向不定。"宜于军人守正",是志在整顿。

　　九二:巽在床下。用史巫纷若。吉,无咎。

[译]

　　九二爻:伏在床下。请来众多巫师。吉祥,没有祸害。

　　《象》曰:纷若之吉,得中也。

[译]

　　《小象传》说:巫师众多的吉,是占了中位的缘故。

　　九三:频巽,吝。

[译]

　　九三爻:皱着眉头顺从,心中难过。

　　《象》曰:频巽之吝,志穷也。

[译]

　　《小象传》说:皱着眉头顺从的难过,是因为志向难以实现。

　　六四:悔亡,田获三品。

[译]

　　六四爻:悔恨消失,猎获多种禽兽。

　　《象》曰:"田获三品",有功也。

[译]

《小象传》说:"猎获多种禽兽",有了功劳呀。

九五:贞,吉,悔亡,无不利。无初有终。先庚三日,后庚三日,吉。

[译]

九五爻:占问,吉祥,悔恨消失,没有不利。开始不顺结束时很好。庚日前三日、庚日后三日,吉祥。

[注]

庚,天干记日法中的庚日。

《象》曰:九五之吉,位正中也。

[译]

《小象传》说:九五爻的吉,是因为处于它的正位中位。

上九:巽在床下,丧其资斧。贞,凶。

[译]

上九爻:伏在床下,失了财物。占问,凶险。

《象》曰:"巽在床下",上穷也。"丧其资斧",正乎凶也。

[译]

《小象传》说:"伏在床下",再往上已经无路可走。"失了财物",必然是凶。

[注]

卦爻的顺序,自下而上。到了上爻,就是到了顶点,所以说是"上穷"。

五八　兑

[**解题**] 兑，欢欣、喜悦。此卦主要讲欢欣、喜悦时的种种情况。

䷹（兑下兑上）兑

　　亨。利贞。

[**译**]

　　欢欣之际，进行沟通。宜于占问。

　　《彖》曰：兑，说也。刚中而柔外[①]，说以利贞，是以顺乎天而应乎人。说以先民[②]，民忘其劳；说以犯难，民忘其死。说之大，民劝矣哉[③]！

[**译**]

　　《彖传》说：兑，就是喜悦。刚涵于内而柔表现于外，使人欢悦地觉得守正有利，所以是顺乎天意又合乎民心。使民众喜悦来引导民众，民众就会忘我劳作；让民众高兴地去冒犯危险，民众就会舍生忘死。喜悦的伟大作用，使民众能互相鼓励啊！

[**注**]

　　① 兑卦二、五中位都是阳爻，三、上都是阴爻，所以说是"刚中而柔外"。

　　② 先民，引导百姓。

　　③ 劝，勉励。

　　《象》曰：丽泽，兑。君子以朋友讲习。

［译］

　　《大象传》说：两泽相附，其象征是兑卦。君子据此与朋友讨论、演习。

［注］

　　兑为泽，泽与泽结合，所以是"丽泽"。

　　初九：和兑，吉。

［译］

　　初九爻：和悦，吉利。

　　《象》曰：和兑之吉，行未疑也。

［译］

　　《小象传》说：和悦的吉，是因为行动不存疑心。

　　九二：孚兑，吉。悔亡。

［译］

　　九二爻：真诚的欢悦，吉利。悔恨消失。

　　《象》曰：孚兑之吉，信志也。

［译］

　　《小象传》说：真诚喜悦的吉利，在于志向坚定。

　　六三：来兑，凶。

［译］

　　六三爻：追求欢悦，凶。

［注］

　　来，来追求。

《象》曰：来兑之凶，位不当也。

[译]

　　《小象传》说：追求欢悦的凶，是由于位置不当啊。

　　九四：商兑未宁，介疾有喜。

[译]

　　九四爻：交谈的欢悦尚未止息，疗病好转。

[注]

　　商，交谈。

《象》曰：九四之喜，有庆也。

[译]

　　《小象传》说：九四爻的喜，是因为有喜庆啊。

　　九五：孚于剥，有厉。

[译]

　　九五爻：信任而造成损害，有危险。

[注]

　　孚，信任。剥，剥落，此处指损害。

《象》曰："孚于剥"，位正当也。

[译]

　　《小象传》说："信任而造成损害"，是因为处于适当的位置。

[注]

　　九五阳爻处阳位，所以说"位正当"。

上六:引兑。

[译]

上六爻:因引导而欢悦。

《象》曰:上六"引兑",未光也。

[译]

《小象传》说:上六"因引导而喜悦",是尚未光大发扬。

五九　涣

[**解题**]涣,涣散。此卦讲述面对涣散的种种问题。

▤(坎下巽上)涣

亨,王假有庙。利涉大川,利贞。

[译]

涣散时期,举行祭祀,天子来到宗庙。宜于涉渡大河,宜于占问。

《彖》曰:涣,亨,刚来而不穷,柔得位乎外而上同。"王假有庙",王乃在中也。"利涉大川",乘木有功也。

[译]

《彖传》说:涣散,亨通,是因为刚强源源到来而不穷竭,柔弱位于外围并且赞同君上。"天子来到宗庙",是说天子处于中位。"宜于涉渡大河",是说乘船就会成功。

[注]

刚来而不穷,指九二阳爻来自节卦的九五;柔得位乎外而上同,指六四阴爻来自节卦六三。因为节卦颠倒即是涣卦,反之亦然。

《象》曰:风行水上,涣。先王以享于帝,立庙。

[译]

《大象传》说:风行于水上,是涣卦的卦象。先王据此祭祀上帝,建立宗庙。

[注]

下卦坎为水,上卦巽为风,所以是"风行水上"。先王,已故的天子。

初六:用拯马壮,吉。

[译]

初六爻:用于拯救的马壮健,吉祥。

《象》曰:初六之吉,顺也。

[译]

《小象传》说:初六爻的吉祥,是因为顺从。

九二:涣,奔其机,悔亡。

[译]

九二爻:涣散时,奔向自己的几案,悔恨消失。

[注]

机,即几,桌子的前身。

《象》曰:"涣奔其机",得愿也。

［译］

　　《小象传》说:"涣散时,奔向自己的几案",是说各自如愿以偿了。

　　六三:涣其躬,无悔。

［译］

　　六三爻:涣散他的初衷,没有怨恨。

［注］

　　躬,自身,指他的初衷。

　　《象》曰:"涣其躬",志在外也。

［译］

　　《小象传》说:"涣散他的初衷",是志于外在的东西。

　　六四:涣其群,元吉。涣有丘,匪夷所思。

［译］

　　六四爻:涣散他的团伙,这只是吉利的开始。涣散时,仍有一座山丘存在,不可想象。

［注］

　　匪,非。夷,平常。

　　《象》曰:"涣其群,元吉",光大也。

［译］

　　《小象传》说:"涣散他的同伙,这只是吉利的开始",是正道要发扬光大了。

九五:涣汗,其大号。涣,王居无咎。

[译]

九五爻:涣散(病)而发汗,他大声喊叫。涣散时,天子的地位不受损害。

《象》曰:王居无咎,正位也。

[译]

《小象传》说:"天子的地位不受损害",是因为处于正位。

上九:涣其血,去逖出,无咎。

[译]

上九爻:涣散他的血,离开而远出,不受伤害。

[注]

去,离开。逖,远。

《象》曰:"涣其血",远害也。

[译]

《小象传》说:"涣散他的血……",是说远离危险。

六〇　节

[**解题**]节,节俭,节制。本卦讲述有关节制的种种问题。

☵(兑下坎上)节

亨。苦节,不可贞。

[译]

节俭,亨通。苛刻地节俭,占问也没用。

《彖》曰:"节,亨",刚柔分而刚得中①。"苦节,不可贞",其道穷也。说以行险②,当位以节,中正以通。天地节而四时成。节以制度,不伤财,不害民。

[译]

《彖传》说:"节俭,亨通",是因为刚强与柔弱均分而刚强居中。"苛刻地节俭,占问也没用",是因为这样的做法行不通。高高兴兴去冒险,要以适当的地位去节制,以正确而高尚的行为去开通。天地节制因而一年四季各有所成。节俭要有制度,不要浪费财物,也不要伤害民众。

[注]

① 刚柔分而刚得中,指本卦阴阳爻数量相同,而阳爻居于二、五中位。

② 说即悦。下卦兑为悦,上卦坎为险,所以说是"说以行险"。

《象》曰:泽上有水,节。君子以制数度,议德行。

[译]

《大象传》说:泽上有水,其象征是节卦。君子据此以订立制度,讲究德行。

[注]

下卦兑为泽,上卦坎为水,所以是"泽上有水"。

初九:不出户庭,无咎。

[译]

初九爻:不出屋门,没有灾难。

《象》曰:"不出户庭",知通塞也。

[译]

　　《小象传》说:"不出屋门",是知道哪里畅通,哪里堵塞。

　　九二:不出门庭,凶。

[译]

　　九二爻:不出院门,凶。

　　《象》曰:"不出门庭,凶",失时极也。

[译]

　　《小象传》说:"不出院门,凶",因为失去了适当的时机。

[注]

　　极,中。时极,即时中,适当的时机。或以极为至,亦通。

　　六三:不节若,则嗟若。无咎。

[译]

　　六三爻:不节制,就哀叹。无所怪罪。

　　《象》曰:不节之嗟,又谁咎也?

[译]

　　《小象传》说:不加节制引来的哀叹,又能怪罪谁呢?

　　六四:安节,亨。

[译]

　　六四爻:安于节制,亨通。

　　《象》曰:安节之亨,承上道也。

[译]

　　《小象传》说：安于节制之所以亨通，是因为遵奉了君上的意旨。

　　九五：甘节，吉。往有尚。

[译]

　　九五爻：甘愿节制，吉祥。坚持下去会得到奖赏。

[注]

　　尚，即赏。

　　《象》曰：甘节之吉，居位中也。

[译]

　　《小象传》说：甘愿节制之所以吉祥，是因为居于中位。

　　上六：苦节，贞，凶。悔亡。

[译]

　　上六爻：苛刻地节俭，占问，凶。悔恨消失。

　　《象》曰："苦节，贞，凶"，其道穷也。

[译]

　　《小象传》说："苛刻地节俭，占问，凶"，这样的做法行不通。

六一　中孚

　　[**解题**]中孚，内心诚信。此卦讲诚信的道理。

䷼（兑下巽上）中孚

豚鱼,吉。利涉大川,利贞。

[译]

内心的诚信感动了豚鱼,吉祥。宜于涉渡大河,利于占问。

[注]

中,内心。孚,诚信。

《彖》曰:中孚,柔在内而刚得中①。说而巽②。孚乃化邦也。"豚鱼,吉",信及豚鱼也。"利涉大川",乘木舟虚也。中孚以利贞,乃应乎天也。

[译]

《彖传》说:中孚,是说柔弱在内而刚强居中。欢悦而又谦逊。诚信就可以感动全国。"豚鱼,吉祥",是说诚信甚至感动了豚鱼。"宜于涉渡大河",因为乘坐的木舟中间空虚。中孚卦利于守正,是因为要顺应天意。

[注]

① 三、四两阴爻处于卦象中间,所以说是"柔在内";二、五中位都是阳爻,所以是"刚得中"。

② 下卦兑为悦,上卦巽,所以说是"说而巽"。巽,谦逊意。

《象》曰:泽上有风,中孚。君子以议狱缓死。

[译]

《大象传》说:泽上有风,是中孚之卦象。君子据此讨论案情,减免死罪。

[注]

下卦兑为泽,上卦巽为风,所以是"泽上有风"。

初九：虞，吉。有它，不燕。

[译]

初九爻：安心专一，吉祥。别有所图，不安。

[注]

虞，安心、专一。燕，安宁。

《象》曰：初九"虞吉"，志未变也。

[译]

《小象传》说：初九"安心专一吉祥"，因为志向没有改变。

九二：鸣鹤在阴，其子和之。我有好爵，吾与尔靡之。

[译]

九二爻：鸣叫的仙鹤在树荫之下，小鹤与它声声应答。我有许多美好的爵位，都给了你们吧。

《象》曰："其子和之"，中心愿也。

[译]

《小象传》说："小鹤和它声声应答"，是发自内心的啊！

六三：得敌，或鼓或罢，或泣或歌。

[译]

六三爻：遇到敌人，有的击鼓迎敌，有的弃守退却，有时畏惧哭泣，有时庆幸唱歌。

《象》曰："或鼓或罢"，位不当也。

[译]

《小象传》说："有的击鼓迎敌，有的弃守退却……"，因为所处位置不当。

六四：月几望，马匹亡，无咎。

[译]

六四爻：月接近望日，马失去配偶，没有妨害。

《象》曰："马匹亡"，绝类上也。

[译]

《小象传》说："马失去配偶"，是断绝同类而心向君上。

九五：有孚挛如，无咎。

[译]

九五爻：把守信挂在心中，没有妨害。

[注]

挛，牵系，挂牵。

《象》曰："有孚挛如"，位正当也。

[译]

《小象传》说："把守信挂在心中……"，是说位置正当。

上九：翰音登于天，贞，凶。

[译]

上九爻：鸡飞上了天，占问，凶险。

[注]

翰音，鸡，一说鸡鸣。

《象》曰:"翰音登于天",何可长也?

[译]

《小象传》说:"鸡飞上了天",怎么可能长久!

六二　小过

[**解题**]小过,稍微过分,或者小有过失。此卦讲如何对待小过失。

☷(艮下震上)小过

亨,利贞。可小事,不可大事。飞鸟遗之音,不宜上,宜下。大吉。

[译]

小有过失,和神沟通,利于占问。可用于小事,不可用于大事。飞鸟留下的鸣声,不宜处上,宜处下位。大吉。

《彖》曰:小过,小者过而亨也。过以利贞,与时行也。柔得中[①],是以小事吉也。刚失位而不中[②],是以不可大事也。有飞鸟之象焉。"飞鸟遗之音,不宜上,宜下。大吉",上逆而下顺也。

[译]

《彖传》说:小过,是说小事过分仍可亨通。过分仍然利于占问,是因为行为合于时宜。柔顺者处于中位,所以小事吉祥。刚强者失去正位而不居中,所以不可用于大事。卦象征飞鸟。"飞鸟留下的鸣声,不宜处上位,宜处下位。大吉",因为向上是逆行而向下是顺行。

[注]

　　① 柔得中,指二、五中位皆为阴爻。

　　② 刚失位而不中,指三、四阳爻都不在中位。

　　《象》曰:山上有雷,小过。君子以行过乎恭,丧过乎哀,用过乎俭。

[译]

　　《大象传》说:山上有雷,是小过的卦象。君子据此使行为过于恭顺,丧事过于悲哀,日用过于节俭。

[注]

　　下卦艮为山,上卦震为雷,所以是"山上有雷"。

　　初六:飞鸟以凶。

[译]

　　初六爻:飞鸟有凶险。

　　《象》曰:"飞鸟以凶",不可如何也!

[译]

　　《小象传》说:"飞鸟有凶险",不飞又怎么办呢!

　　六二:过其祖,遇其妣;不及其君,遇其臣。无咎。

[译]

　　六二爻:错过了祖父,遇到了祖母;没见到君主,遇到了臣子。没有妨害。

　　《象》曰:"不及其君",臣不可过也。

[译]

　　《小象传》说："没见到君主"，因为臣子是不可越过的。

　　九三：弗过防之，从或戕之，凶。

[译]

　　九三爻：没有过失要防止过失，放纵就可能把他害死。凶险。

[注]

　　从，放纵。戕，杀害。

　　《象》曰："从或戕之"，凶如何也！

[译]

　　《小象传》说："放纵就可能把他害死"，那是多么的凶险呀！

　　九四：无咎。弗过遇之，往厉必戒，勿用永贞。

[译]

　　九四爻：没有妨害。没有过失要善待他，前面危险要告诫他，不需要长久的忠贞。

[注]

　　遇，投合，善待。

　　《象》曰："弗过遇之"，位不当也。"往厉必戒"，终不可长也。

[译]

　　《小象传》说："没有过失要善待他"，因为位置不当。"前面危险要告诫他"，因为肯定不能长久。

六五:密云不雨,自我西郊。公弋取彼在穴。

[译]

六五爻:暗云密集但不下雨,到了我的城西。公爵猎取在巢穴里的禽兽。

[注]

弋,射箭。

《象》曰:"密云不雨",已上也。

[译]

《小象传》说:"暗云密集但不下雨",是说雨被中止了。

[注]

上,四库本认为,应为止。

上六:弗遇过之,飞鸟离之,凶。是谓灾眚。

[译]

上六爻:不善待他而责备他,就像飞鸟撞进了网罗,凶。这就叫灾难。

[注]

离,附着,引申为捕捉。

《象》曰:"弗遇过之",已亢也。

[译]

《小象传》说:"不善待他而责备他",因为已经太过分了。

六三　既济

[解题]既济,已经渡过河。此卦讲事情完成后的种种遭遇。

☵（离下坎上）既济

　　亨,小。利贞。初吉终乱。

[译]

　　事情已经完成,祭祀,小规模的。利于占问。起初吉祥,最终混乱。

　　《彖》曰:"既济,亨①",小者亨也。"利贞",刚柔正而位当也②。"初吉",柔得中也③。终止则乱,其道穷也。

[译]

　　《彖传》说:"事情已经完成,小亨通",是说小事亨通。"利于占问",因为阳刚、阴柔各自都处在自己的正位上。"起初吉祥",因为阴柔居于中位。终止的时候就会混乱,因为它的路已经走到了终点。

[注]

　　① 四库本认为,亨后应有小。
　　② 本卦一、三、五爻为阳,二、四、六爻为阴,所以是"刚柔正而位当"。
　　③ 柔得中,指六二阴爻。

　　《象》曰:水在火上,既济。君子以思患而预防之。

[译]

　　《大象传》说:水在火上,是既济卦的卦象。君子据此而居安思危,加以预防。

[注]

　　下卦离为火,上卦坎为水,所以是"水在火上"。

初九：曳其轮，濡其尾，无咎。

[译]

初九爻：拽车轮子，打湿了尾巴，不受责备。

《象》曰："曳其轮"，义"无咎"也。

[译]

《小象传》说："拽车轮子"，应该是"不受责备"。

六二：妇丧其茀，勿逐，七日得。

[译]

六二爻：妇人丢了她的首饰，不用找，七日后得到。

[注]

茀，首饰。

《象》曰："七日得"，以中道也。

[译]

《小象传》说："七日后得到"，因为合乎中道。

九三：高宗伐鬼方，三年克之。小人勿用。

[译]

九三爻：高宗讨伐鬼方，三年克敌。一般人不可这样做。

[注]

高宗，指商王武丁。鬼方，古代国名。

《象》曰："三年克之"，惫也。

[译]

《小象传》说："三年克敌"，累坏了。

六四:繻有衣袽,终日戒。

[译]

六四爻:破絮湿透了,终日提心吊胆。

[注]

繻,即濡,打湿。衣袽,从旧衣中拆下的破絮。

《象》曰:终日戒,有所疑也。

[译]

《小象传》说:"终日提心吊胆",因为有所疑虑啊。

九五:东邻杀牛,不如西邻之禴祭,实受其福。

[译]

九五爻:东邻杀牛,不如西邻的禴祭,实在地享受神赐的福泽。

[注]

杀牛,指祭品丰盛。禴祭,祭品简单的祭祀。

《象》曰:东邻杀牛,不如西邻之时也。"实受其福",吉大来也。

[译]

《小象传》说:东邻杀牛,不如西邻祭祀得按时啊。"实在地享受神赐的福泽",是说吉祥纷纷到来啊。

上六:濡其首,厉。

[译]

上六爻:沾湿了头,危险。

《象》曰:"濡其首,厉",何可久也?

[译]

《小象传》说:"沾湿了头,危险",怎么能够长久呢?

六四　未济

[解题]未济,尚未渡过河。此卦讲事情尚未成功的种种情况。

☲(坎下离上)未济

亨。小狐汔济,濡其尾,无攸利。

[译]

尚未过河,祭祀和神沟通。小狐狸即将渡过河去,打湿了尾巴,没有什么好处。

[注]

汔,接近。

《象》曰:"未济,亨",柔得中也[1]。"小狐汔济",未出中也。"濡其尾,无攸利",不续终也。虽不当位,刚柔应也[2]。

[译]

《象传》说:"尚未过河,亨通",因为柔弱者占居了中位。"小狐狸即将渡过河去",尚未走出水中。"打湿了尾巴,没有什么好处",是说不能坚持到终点。虽然位置不当,但是阳刚与阴柔却能相互照应。

[注]

① 柔得中,指六五阴爻。

②　刚柔应，指初六与九四、九二与六五、六三与上九都是阴阳对应。

《象》曰：火在水上，未济。君子以慎辨物居方。

[译]

《大象传》说：火在水上，是未济卦的卦象。君子据此以谨慎辨别事物，使它们各得其所。

[注]

上卦离为火，下卦坎为水，所以是"火在水上"。居方，使之各得其所。

初六：濡其尾，吝。

[译]

初六爻：打湿了尾巴，难受。

《象》曰：濡其尾，亦不知极也。

[译]

《小象传》说："打湿了尾巴"，也不知道能否到达终点。

[注]

极，终点。

九二：曳其轮，贞，吉。

[译]

九二爻：拽车轮子，占问，吉祥。

《象》曰：九二贞吉，中以行正也。

[译]

　　《小象传》说：九二爻占问吉祥，是因为居于中位又实行正道。

　　六三：未济，征凶。利涉大川。
[译]

　　六三爻：没有渡过河去，前进将有凶险。利于涉渡大河。

　　《象》曰："未济，征凶"，位不当也。
[译]

　　《小象传》说："没有渡过河去，前进将有凶险"，因为位置不当。

　　九四：贞吉，悔亡。震用伐鬼方，三年。有赏于大国。
[译]

　　九四爻：守正吉利，悔恨消失。用强大兵力讨伐鬼方，花了三年时间。大国得到了好处。

　　《象》曰：贞吉，悔亡，志行也。
[译]

　　《小象传》说：守正吉利，悔恨消失，是说志向得以实现。

　　六五：贞吉，无悔。君子之光，有孚。吉。
[译]

　　六五爻：守正吉利，没有懊悔。君子的光明，在于守信。吉祥。

　　《象》曰："君子之光"，其晖吉也。

[译]

　　《小象传》说："君子的光明……"，是说他的辉芒是吉祥的。

　　上九：有孚于饮酒，无咎。濡其首，有孚失是。

[译]

　　上九爻：饮酒时有诚信，不受责备。打湿了头，有诚信的过错就是如此。

　　《象》曰：饮酒濡首，亦不知节也。

[译]

　　《小象传》说：饮酒打湿了头，也太不知道节制了。

易　传

《系辞上》译注

〔第一章①〕天尊地卑，乾坤定矣②。卑高以陈，贵贱位矣。动静有常，刚柔断矣。方以类聚，物以群分，吉凶生矣。③在天成象，在地成形，变化见矣④。是故刚柔相摩，八卦相荡。鼓之以雷霆，润之以风雨；日月运行，一寒一暑。乾道成男⑤，坤道成女。乾知大始⑥，坤作成物。乾以易知⑦，坤以简能⑧。易则易知⑨，简则易从。易知则有亲，易从则有功。有亲则可久，有功则可大。可久则贤人之德，可大则贤人之业。易简而天下之理得矣。天下之理得而成位乎其中矣。

[译]

天高地卑，乾坤的关系就确定了。卑与高陈列在一起，贵贱的地位就明确了。动静的转化有一定常规，判断刚柔就有依据了。宇宙之间事物以类相聚，生物以群相分，吉凶就由此产生了。天上的日月星辰形成了一定的形象，地上的山河湖海形成了一定的形体，变化就由此显现出来了。所以，刚柔相互交错，八卦相互推动。以雷霆来鼓动，以风雨来润泽；日月运行，寒暑交替。乾道产生了男性，坤道产生了女性。乾主宰事物的肇始，坤经营事物的完成。乾因为单一所以主宰，坤因为简约所以显能。单一就容易知晓，简约就容易顺从。容易知晓就会有人亲和，容易顺从就会有所成功。有人亲和就可长久，有所成功就可壮大。可以长久是贤人的德行，可以壮大是贤人的事业。易，由于简约而得到了天下的道理。得到了天下的道理，成功就孕育在其中了。

[注]

① 本书《系辞》分章依通行《十三经注疏》本。

② 天尊地卑，乾坤定矣，是说乾坤的尊卑关系是摹拟天地的关系确定的。

③ 方以类聚，物以群分，吉凶生矣，是说有了类，有了群，也才有了地位的划分，也才有了吉凶之别。方，指上下四方，即环宇之内；吉凶，指所处位置的得失。

④ 在天成象，在地成形，变化见矣，是说有了形象也才有了不同的事物，也才说得上变化。

⑤ 乾道，乾的法则。

⑥ 知，主宰。

⑦ 易，便易、单一。

⑧ 简，简洁、简约。

⑨ 知，知晓。

〔第二章〕圣人设卦观象，系辞焉而明吉凶，刚柔相推而生变化。是故吉凶者，失得之象也；悔吝者，忧虞之象也；变化者，进退之象也；刚柔者，昼夜之象也。六爻之动，三极之道也①。是故君子所居而安者，易之序也；所乐而玩者，爻之辞也。是故君子居则观其象而玩其辞，动则观其变而玩其占。是以自天佑之,吉无不利。

[译]

圣人创制卦爻观察它们的象征,附上文字说明吉凶,使刚柔相推生出变化。因此,所谓吉凶,是得到和失去的象征;所谓悔吝,是忧虑的象征;所谓变化,是前进和后退的象征;所谓刚柔,是白天和黑夜的象征。六爻的变动,摹拟着天地人三方的变化状况。所以君子感到平静和安心的,是《易经》所体现的秩序;感到快乐而玩味的,是对爻的说明。所以君子平素观察卦象爻象,玩味对它们的说明;有事就观察卦爻的变化,并用它们进行占卜。所以上天保佑他们,吉祥又处处顺利。

[注]

① 三极,指天、地、人。

〔第三章〕彖者,言乎象者也;爻者,言乎变者也。吉凶者,言乎其失得也。悔吝者,言乎其小疵也。无咎者,善补过也。是故列贵贱者存乎位①,齐小大者存乎卦②,辩吉凶者存乎辞,忧悔吝者存乎介③,震无咎者存乎悔④。是故卦有小大,辞有险易。辞也者,各指其所之。

[译]

彖辞,是对卦象的说明;爻辞,是对变化的说明。吉凶,说的是得到和失去。悔吝,说的是有点小缺陷。之所以无咎,那是因为善于纠正过错。所以,排列贵贱级别的在于爻位,衡量小大的标准在于卦象,辨别吉凶的依据在于卦爻辞,担心将有悔吝就要重视小事,行动不出错误的前提在于悔过。所以,卦有小大的区别,辞有险易的不同。辞的功用,在于各自指明本卦本爻的导向。

［注］

　①　列,排列。

　②　齐,等齐,用标尺量度意。

　③　介,纤细。

　④　震,动。

〔第四章〕易与天地准,故能弥纶天地之道①。仰以观于天文,俯以察于地理,是故知幽明之故。原始反终,故知死生之说②。精气为物,游魂为变,是故知鬼神之情状。与天地相似,故不违;知周乎万物而道济天下,故不过。旁行而不流③,乐天知命,故不忧。安土敦乎仁,故能爱。范围天地之化而不过,曲成万物而不遗④,通乎昼夜之道而知,故"神"无方而易无体。

［译］

　　易以天地为范本,所以能够涵盖天地间的一切法则。抬头观察了天文,俯身考察了地理,所以知晓昼夜明暗人间鬼神的缘故。依据起始推测终了,所以知晓死生的道理。精气所成就的事物,乃是游魂的演变,由此知晓鬼神的情况。它与天地相似,所以不违背天地;它的智慧遍及万物,它的道理有益于整个天下,所以没有过分之举。全面遵行而不偏离,以天然为乐又知晓天命,所以无所忧愁。安于境遇,仁德敦厚,所以能有爱心。囊括天地的变化而不过分,千方百计成就万物而无所遗漏,通晓昼夜寒暑阴阳人鬼的道理而知晓一切,所以神没有处所而易没有本体。

［注］

　①　弥纶,普遍笼罩。

② 说,道理。

③ 旁行,广泛遵行。旁,"广"意。

④ 曲成,经过反复曲折而得以成就。意为事物形态万千、表里异质,得以成就并非易事。

〔第五章〕一阴一阳之谓道①,继之者善也,成之者性也。仁者见之谓之仁,知者见之谓之知,百姓日用而不知,故君子之道鲜矣! 显诸仁,藏诸用,鼓万物而不与圣人同忧,盛德大业至矣哉! 富有之谓大业,日新之谓盛德。生生之谓易。成象之谓乾,效法之谓坤,极数知来之谓占,通变之谓事,阴阳不测之谓神。

[译]

一阴一阳就是道,继承它便是善,成就它就是性。仁者从中发现了仁,智者从中发现了智,百姓每天都在接触却不了解它,所以君子之道是很少见的了。显现于外的是仁德,潜藏于内的是功用,鼓动万物却不和圣人一起操劳担忧,隆盛的德行、伟大的事业可以说是达到极限了! 极端的丰富就是伟大的事业,每天更新就是隆盛的德行。使生命代代接续就是易。担负成象之职的是乾,具有效法功能的是坤,穷尽蓍草之数以预测未来就是占,贯通变化就是事,阴阳变化难以揣度就是神。

[注]

① 一阴一阳,阴阳更迭。如昼夜、寒暑交替。

[第六章]夫易,广矣大矣! 以言乎远则不御,以言乎迩则静而正①,以言乎天地之间则备矣。夫乾,其静也专②,其动也直,是以大生焉。夫坤,其静也翕,其动也辟,

是以广生焉。广大配天地，变通配四时，阴阳之义配日月，易简之善配至德。

[译]

　　这个易，广啊大啊！说它辽远就远得无法驾驭，说它亲近则宁静而端正，说到天地之间则它无处不在。这个乾，它静止下来抟成一团，它运动起来是刚健端直，所以能源源不断地产生。这个坤，它静止下来就收敛闭合，它运动起来就舒展开放，所以能大量地产生。"大量"和"不断"与天地相匹配，变通与四时相匹配，阴阳的意义与日月相匹配，易简的美好与至德相匹配。

[注]

　　① 迩，近。正，端正。
　　② 专，团音，圆意。

　　〔第七章〕子曰："易其至矣乎！夫易，圣人所以崇德而广业也。知崇礼卑①。崇效天，卑法地。天地设位而易行乎其中矣！成性存存②，道义之门。"圣人有以见天下之赜③，而拟诸其形容，象其物宜，是故谓之象。圣人有以见天下之动，而观其会通④，以行其典礼⑤，系辞焉以断其吉凶，是故谓之爻。言天下之至赜而不可恶也⑥，言天下之至动而不可乱也。拟之而后言，议之而后动，拟议以成其变化。

[译]

　　孔子说："易，那可是至高无上的呀！这个易，是圣人用来高扬道德而开拓事业的。智慧在于高明，礼节在于谦卑。高明效法的是上天，谦卑效法的是大地。天地确定了位置，易的变化便运行于其中了！对已成的本性保持再保持，便是步入道义的大

门。"圣人看到天地万物的丰富纷纭，于是摹拟了它们的形态容
貌，恰当地象征它们，所以称之为象。圣人看到了天下各种各样
的变动，于是考察它们的交会贯通，为它们制订了各种行为规
范，附上文字说明用以判断它们的吉凶，所以称之为爻。说明天
下最最复杂的东西，那是不可厌烦的呀；说明天下最最复杂的运
动，那是不能没有条理的呀。摹拟之后再开口，深思之后再行
动，摹拟、深思以完成它们的变化。

[注]

① 知，智。

② 存存，收存再收存，即保持又保持。

③ 赜，幽深。朱熹认为是"杂乱"，本书译文取朱熹义。

④ 会通，交汇贯通。

⑤ 典礼，典法礼仪，引申为规范之类。

⑥ 恶，厌烦。

〔第八章〕"鸣鹤在阴，其子和之；我有好爵，吾与尔靡
之。"子曰："君子居其室，出其言善，则千里之外应之，况其
迩者乎？居其室，出其言不善，则千里之外违之，况其迩者
乎？言出乎身，加乎民；行发乎迩，见乎远。言行，君子之
枢机；枢机之发，荣辱之主也。言行，君子之所以动天地
也，可不慎乎？"

[译]

"鸣叫的仙鹤在树荫之下，小鹤与它声声应答；我有许多美
好的爵位，都给了你们吧。"孔子说："君子在自己的家里，说出
的话有益，千里之外也会响应，何况近处的人呢？在自己的家
里，说出的话有害，千里之外都不会听从，况且近处的人呢？话

是自己说出的，要让民众接受；行为发生于近处，影响及于远方。言行，这是君子的关键；关键一旦发动，是荣是辱也就定了下来。言行，这是君子用来感天动地的东西，难道可以不慎重吗？”

〔第九章〕“同人，先号咷而后笑。”子曰：“君子之道，或出或处，或默或语。二人同心，其利断金。同心之言，其臭如兰。”

“初六，藉用白茅，无咎。”子曰：“苟错诸地而可矣[①]，藉之用茅[②]，何咎之有？慎之至也。夫茅之为物薄，而用可重也，慎斯术也以往，其无所失矣！”

“劳谦，君子有终，吉。”子曰：“劳而不伐[③]，有功而不德，厚之至也。语以其功下人者也。德言盛，礼言恭；谦也者，致恭以存其位者也。”

“亢龙有悔。”子曰：“贵而无位，高而无民，贤人在下位而无辅，是以动而有悔也。”

“不出户庭，无咎。”子曰：“乱之所生也，则言语以为阶。君不密则失臣，臣不密则失身，几事不密则害成[④]。是以君子慎密而不出也。”

子曰：“作《易》者其知盗乎[⑤]！《易》曰：‘负且乘，致寇至。’负也者，小人之事也；乘也者，君子之器也。小人而乘君子之器，盗思夺之矣；上慢下暴，盗思伐之矣。慢藏诲盗，冶容诲淫。《易》曰：‘负且乘，致寇至。’盗之招也。”

大衍之数五十[⑥]，其用四十有九。分而为二以象两，挂一以象三，揲之以四以象四时[⑦]，归奇于扐以象闰[⑧]；五岁再闰，故再扐而后挂。

天数五^⑨，地数五^⑩，五位相得而各有合。天数二十有五，地数三十，凡天地之数五十有五，此所以成变化而行鬼神也。

[译]

"和大家步调一致，先嚎啕大哭，然后哈哈大笑。"孔子说："君子遵行的法则，或是行走或是站立，或是沉默或是谈论。两人同心，力量可以折断金属。知心的交谈，气氛犹如兰草一般幽香。"

"初六爻，用白茅垫祭品，不受责备。"孔子说："哪怕放在地上也是可以的，用茅草垫上它，哪里会有过错呢？谨慎得很呀。茅草作为一种物品是很微薄的，却可用于重大之事，行事保持这种慎重的态度，那就不会有什么闪失了！"

"有功劳而谦虚，君子有好结局，吉利。"孔子说："有了功劳而不炫耀，有了成就而不居德，厚道到了极点了。这是说有了功劳还能居人之下。德讲究硕大，礼讲究恭敬；所谓谦，是以恭敬来保持自己地位的做法啊。"

"亢进的龙将有悔恨。"孔子说："尊贵而脱离了自己的位置，居高而没有民众的支持，贤人处在下位无所辅佐，所以妄自行动会有悔恨。"

"不出屋门，没有灾难。"孔子说："动乱之所以产生，总是以言语作为阶梯的。君王行为不缜密就会危及臣子，大臣行为不缜密就会危及自身，机密之事不缜密就会危害成功。所以君子缜密而不开口呀。"

孔子说："作《易经》的人，大概懂得盗贼的心思吧！《易经》说：'车又拉来肩又扛，招引盗贼来抢。'背东西，这是奴仆做的事呀；乘坐的车，这是有钱人的器物呀。作为奴仆去乘坐有钱人的器物，盗贼才想到要抢劫他；在上位的懈怠在下位的暴戾，盗贼才想到要攻伐他。懒于收藏招引盗贼，打扮妖艳招引奸淫。《易经》说：'车又拉来肩又扛，招引盗贼来抢。'这是讲盗贼之所以被招来的原因啊。"

推演天地变化的蓍草是五十根，使用的只有其中的四十九根。将四十九根蓍草分为两束，用以象征天地；拿出一根挂于两束之间，以象征作为三才之一的人；以四根为一组分数一束蓍草，以象征四时；将余下的蓍草归于手指之间，以象征闰月；五年中有两次闰月，所以将另一束的余数也归于手指之间以后再挂起来。

天的数字有五个，地的数字有五个，五个数字相合而各有总和。天数的总和是二十五，地数的总和是三十，全部天地之数的总和是五十五，这些数字也就是用以成就变化、追踪鬼神的依据。

[注]

① 苟，哪怕。错，放置。

② 藉，衬垫。

③ 伐，炫耀。

④ 几，机密。

⑤ 其，同殆，大概意。

⑥ 大衍，大的推演，指推演天地变化。

⑦ 揲，抽取。

⑧ 归奇于扐，将余数归于手指之间。奇，余数；扐，手指之间。

⑨ 天数五，即一、三、五、七、九。

⑩ 地数五，即二、四、六、八、十。

〔第十章〕乾之策,二百一十有六;坤之策,百四十有四。凡三百有六十,当期之日。二篇之策,万有一千五百二十,当万物之数也。是故四营而成易,十有八变而成卦,八卦而小成。引而伸之,触类而长之,天下之能事毕矣。显道神德行,是故可与酬酢,可与佑神矣。子曰:"知变化之道者,其知神之所为乎!"

易有圣人之道四焉:以言者尚其辞,以动者尚其变,以制器者尚其象,以卜筮者尚其占。是以君子将有为也,将有行也,问焉而以言,其受命也如响。无有远近幽深,遂知来物。非天下之至精,其孰能与于此!参伍以变,错综其数:通其变,遂成天地之文;极其数,遂定天下之象。非天下之至变,其孰能与于此!易,无思也,无为也,寂然不动,感而遂通天下之故。非天下之至神,其孰能与于此!夫易,圣人之所以极深而研几也。唯深也,故能通天下之志;唯几也,故能成天下之务;唯神也,故不疾而速,不行而至。子曰"易有圣人之道四焉"者,此之谓也。

[译]

乾卦的蓍草数是二百一十六,坤卦的蓍草数是一百四十四。一共是三百六十,与一个年度的天数相当。《易经》上下两篇的蓍草数为一万一千五百二十,与万物的数目相当。所以四次经营而完成易,经过一十八变而完成卦,画成八卦便达到了小成。由此引申,碰到同类便扩展,天下可以做的事就全都囊括其中了。彰显道理完善德行,所以可以应酬世事,可以协助神祇。孔子说:"知晓变化法则的,大概也就知道神祇的作为了吧!"

易包含着圣人四个方面的行为:需要讲话,注重它的辞句;

需要行动,注重它的变化;需要制造器物,注重它的卦象;需要算命的时候,就注重它的占筮。所以君子将要有所作为,将要有所行动的时候,就开口向它询问,它收到您的请求以后就像山谷应声一样立刻回答。不论遥远还是附近,也不论是多么昏暗高深,它都能知道您要问的东西。不是天下最为精灵的东西,谁能做到这些呢! 参杂匹配推演变化,交错综合蓍草之数:通达了这样的变化,便成就了天地那丰富多样的文采;穷尽了这样的数据,便确定了天下错综复杂的现象。不是天下最为复杂的变化,谁能做到这些呢! 易,没有思考,没有作为,静静地在那里而没有行动,有所感应便通达天下全部的因由。不是天下最为神妙的东西,谁能做到这些呢! 这个易,是圣人用以穷尽深奥、研究微妙的凭借呀。因为幽深,所以能开通天下的心思;因为微妙,所以能成就天下的事业;因为神奇,所以不显快捷却很迅速,未曾行走就能到达。孔子说"易包含着圣人四个方面的行为",说的就是这些呀。

〔第十一章〕天一,地二,天三,地四,天五,地六,天七,地八,天九,地十。子曰:"夫易何为者也? 夫易,开物成务,冒天下之道[①],如斯而已者也。"是故圣人以通天下之志,以定天下之业,以断天下之疑。是故蓍之德圆而神,卦之德方以知,六爻之义易以贡[②]。圣人以此洗心,退藏于密,吉凶与民同患。神以知来,知以藏往,其孰能与于此哉? 古之聪明睿知、神武而不杀者夫。是以明于天之道,而察于民之故,是兴神物以前民用。圣人以此斋戒,以神明其德夫。是故阖户谓之坤,辟户谓之乾;一阖一辟谓之变,往来不穷谓之通。见乃谓之象,形乃谓之器,制而用之谓之法。利用出入、民咸用之谓之神。

是故易有太极，是生两仪，两仪生四象，四象生八卦，八卦定吉凶，吉凶生大业。是故法象莫大乎天地，变通莫大乎四时，悬象著明莫大乎日月，崇高莫大乎富贵。备物致用，立成器以为天下利[3]，莫大乎圣人。探赜索隐，钩深致远，以定天下之吉凶，成天下之亹亹者[4]，莫大乎蓍龟。

是故天生神物[5]，圣人则之；天地变化，圣人效之；天垂象，见吉凶，圣人象之；河出图，洛出书，圣人则之。易有四象，所以示也；系辞焉，所以告也；定之以吉凶，所以断也。

[译]

天一，地二，天三，地四，天五，地六，天七，地八，天九，地十。孔子说："这个易，是做什么用的呢？ 这个易，打开事物让人成就事业，囊括了天下所有的行为法则，也就是如此而已。"所以，圣人用它来开通天下的心思，用它来确定天下的事业，用它来解除天下的疑惑。所以蓍草的禀性圆通而神奇，卦象的禀性方正而智慧，六爻的意义在于变化和告知。圣人用它来消除心中疑虑，然后把主张藏于心底，与人民共担吉凶忧患。神的作用是预知未来，知的作用是通晓以往。谁能做到这样呢？ 是古代那聪明睿智、英勇神武却不崇尚暴力的人吗。由于明晓天的行为法则，洞察人间各种事由，于是起用神草以引导众人行事。圣人以此斋戒，使自己的德性神明。所以，关闭门户叫做坤，打开门户叫做乾；一合一开叫做变，往来不断叫做通。显现的东西叫做象，有形的东西叫做器，依照它制器而用叫做法。利用它、依赖它、众人都这样使用它，就叫做神。

所以，易有个"太极"，是它产生了"两仪"。两仪产生了"四象"，四象产生了"八卦"。八种卦象用来判定吉凶，判定了吉凶便可成就伟大的事业。所以,效法的典范,没有比天地更伟大的了;变化之通达,没有比四时更伟大的了;悬在天上、闪着光明,没有比日月更伟大的了;地位之崇高,没有比富贵更伟大的了;备好物品供人使用,创立卦象制成器具便利天下,没有比圣人更伟大的了。研究复杂,探索隐秘,钻研深奥,推究远事,以判定天下的吉凶,成就天下奋斗的事业的,没有比蓍龟更伟大的了。

　　所以,天生下神物,圣人就依据它;天地变化,圣人就仿效它;上天垂下各种天象,以昭示吉凶祸福,圣人就把它们制成卦象;黄河里出来了《河图》,洛水里出来了《洛书》,圣人就依据它。易的"四象",是用来昭示于人的;所附的言辞呀,是用来告知于人的;确定为吉凶,是用来让人决断的。

[注]

① 冒,覆盖,引申为囊括。

② 贡,告知。

③ 立成器,四库本认为,应为"立象成器"。

④ 亹亹,勤勉貌。

⑤ 神物,指蓍草。

　　〔第十二章〕《易》曰:"自天佑之,吉无不利。"子曰:"'佑'者,助也。天之所助者顺也,人之所助者信也。履信思乎顺,又以尚贤也,是以'自天佑之,吉无不利'也。"

　　子曰:"书不尽言,言不尽意。"然则圣人之意,其不可见乎? 子曰:"圣人立象以尽意,设卦以尽情伪①,系辞焉以尽其言,变而通之以尽利,鼓之舞之以尽神。"

　　乾坤,其易之缊邪! 乾坤成列,而易立乎其中矣。乾坤毁,则无以见易。易不可见,则乾坤或几乎息矣。是故形而上者谓之道，形而下者谓之器，化而裁之谓之变，推而行之谓之通，举而错之天下之民谓之事业。是故夫象，圣人有以见天下之赜，而拟诸其形容，象其物宜，是故谓之象。圣人有以见天下之动，而观其会通，以行其典礼②，系辞焉以断其吉凶，是故谓之爻。极天下之赜者存乎卦，鼓天下之动者存乎辞，化而裁之存乎变，推而行之存乎通，神而明之存乎其人，默而成之，不言而信，存乎德行。

[译]

《易经》说："来自上天的护佑，吉祥而无不利。"孔子说："'佑'，就是帮助呀。天所帮助的是顺随的人，人所帮助的是诚信的人。遵从诚信、向望顺随，再加上崇尚贤德，所以说'来自上天的护佑，吉祥而无不利'呀。"

孔子说："书契无法完全记载圣人的言语，言语无法完全表达圣人的思想。"那么，圣人的思想，我们就没有办法知道了吗？孔子说："圣人创立象征用以完全表达思想，设立卦爻用以完全揭示真伪，附上文字说尽自己要说的话，推演它、疏通它，使它完全达到便利，催动它、驱使它，使它尽情发挥神奇。"

乾坤两卦，大概是易的精妙之所在吧！乾坤排列组合，易便确立于其中了。乾坤毁灭，就没有可能显现易。易不可显现，那么乾坤也就接近止息了。所以说，形而上者叫做道，形而下者叫做器，演化而有裁断称为变，推动而能运行称为通，拿它实施于天下民众之中称为事业。所以，这个象，是圣人看到天地万物的丰富纷纭，于是摹拟了它们的形态容貌，恰当地象征它们，所以称之为象。圣人看到了天下各种各样的变动，于是考察它们的交会贯通，为它们制订了各种行为规范，附上文字说明用以判断它们的吉凶，所以称之为爻。穷尽天下纷纭复杂的在于卦，鼓舞

天下行动的在于辞，演化中的裁断在于变，推动而能运行在于
通，神妙而能明晓在于有智慧的人，默默而能成就，不说话就能
使人信任，在于德行。

[注]

　　① 情伪，真情和造作，即真伪。

　　② 典礼，即常规、规矩。

《系辞下》译注

　　〔第一章〕八卦成列，象在其中矣；因而重之，爻在其中
矣；刚柔相推，变在其中矣；系辞焉而命之，动在其中矣。
吉凶悔吝者，生乎动者也；刚柔者，立本者也。变通者，趋
时者也；吉凶者，贞胜者也。天地之道，贞观者也；日月之
道，贞明者也；天下之动，贞夫一者也。夫乾，确然示人易
矣；夫坤，隤然示人简矣①。爻也者，效此者也；象也者，像
此者也。爻象动乎内，吉凶见乎外②；功业见乎变，圣人之
情见乎辞。天地之大德曰生，圣人之大宝曰位。何以守
位？曰仁。何以聚人？曰财。理财正辞，禁民为非曰义。

[译]

　　八卦生成而排列起来，万物的象征就在其中了；由八卦重为
六十四卦，六爻的位置就在其中了；刚柔二爻相互推移，变化就
在其中了；写上文字而指明吉凶，人的行动也就在其中了。吉凶
悔吝，指导着人们的行动；阳刚阴柔，确立着卦爻的根本。变化
会通，是要趋向合宜的时机；吉凶悔吝，在于教人以正道取得胜
利。天地的法则，是要显示正确的方式；日月的轨迹，是要显示
真正的光明；天下的变动，正确的行为只有一种。这个乾，坚定

地给人显示着平易；这个坤，柔和地给人显示着简约。这个爻，是效法此种道理的；这个象，是模仿此种情态的。爻和象变动于卦内，吉和凶表现于卦外；功绩事业体现在变通上，圣人的指示体现在卦爻辞中。天地最根本的品质是化生万物，圣人最宝贵的东西是统治地位。用什么来守护地位？用仁德。用什么来聚集人才？用财富。治理财富，端正言辞，禁止民众为非作歹，就叫做义。

[注]

　　① 乾指天，坤指地。确然，刚健的样子。隤然，柔顺的样子。

　　② 内指卦内，即卦爻之象；外指卦外，即人的行动。

　　〔第二章〕古者包牺氏之王天下也，仰则观象于天，俯则观法于地，观鸟兽之文，与地之宜，近取诸身，远取诸物，于是始作八卦，以通神明之德，以类万物之情。作结绳而为罔罟①，以佃以渔，盖取诸离。包牺氏没，神农氏作，斲木为耜，揉木为耒，耒耨之利②，以教天下，盖取诸益。日中为市，致天下之民，聚天下之货，交易而退，各得其所，盖取诸噬嗑。神农氏没，黄帝、尧、舜氏作，通其变，使民不倦，神而化之，使民宜之。

　　易穷则变，变则通，通则久。是以"自天佑之，吉无不利"。黄帝、尧、舜垂衣裳而天下治，盖取诸乾坤。刳木为舟，剡木为楫③，舟楫之利，以济不通，致远以利天下，盖取诸涣。服牛乘马，引重致远，以利天下，盖取诸随。重门击柝④，以待暴客，盖取诸豫。断木为杵，掘地为臼，臼杵之利，万民以济，盖取诸小过。弦木为弧⑤，剡木为矢，弧矢之利,以威天下,盖取诸睽。上古穴居而野处,后世圣人易之以宫室,上栋下宇,以待风雨,盖取诸大壮。古之葬者,厚衣之以薪,葬之中野,不封不树⑥,丧期无数,后世圣人易之以棺椁,盖取诸大过。上古结绳而治,后世圣人易之以书契,百官以治,万民以察,盖取诸夬。

[译]

　　古时候伏羲氏治理天下,他抬头观察天文气象,俯身观察地理形状,观察飞禽走兽的纹理,以及适宜在地上生长的草木,近的取法人的身体,远的取象各种物形,于是开始创作八卦,用来和神祇的智慧沟通,用来摹拟万物的情形。他发明了编结绳子织成罗网,用来打猎捕鱼,其根据是离卦。伏羲氏去世之后,神农氏兴起。他砍削树木制成耜,揉弯木干制成耒,用耒耨的便利,教导天下,其根据是益卦。他又在日中建立集市,招致天下的百姓,聚集天下的货物,进行交易之后退去,各自得其所需,其根据是噬嗑卦。神农氏去世之后,黄帝、尧、舜又先后兴起。贯通这不断的变化,使民众不致疲倦;神奇地教化民众,使他们生活适宜。

　　易,到尽头就要变化,变了就会通畅,通畅就能长久。所以"有上天保佑,吉祥,没有什么不利"。黄帝、尧、舜创制衣裳使有等级尊卑从而天下大治,其根据是乾、坤。挖空树木制成舟船,削尖木材制成桨楫,舟船桨楫的好处,是可以渡过江河,直达远方,便利天下,其根据是涣卦。驯服了牛马驾车骑乘,拖运重物,直达远方,便利天下,其根据是随卦。设置多重门户,夜间敲梆警戒,以防备暴徒强盗,其根据是豫卦。斩断木头做成杵,挖掘地面制成臼,杵臼的好处,让万民获益,其根据是小过卦。加弦于弯木制成弓,削尖树枝做成箭,弓箭的好处,是可以威慑天下，其根据是睽卦。远古的人居住在洞穴和野外，后代的圣人代之以房屋，上有栋梁下有檐宇，用来躲避风雨，其根据是大壮卦。古代人丧葬，只用厚厚地盖上柴草，掩埋在旷野，不封坟头也不植树木，服丧日期也没有定数。后代圣人代之以棺椁，其根据是大过卦。远古的人用绳结计数处理事务，后代圣人代之以文书和契约，百官用来处理政务，万民用来察考事情，其根据是夬卦。

[注]

① 罔，古代的网字。罟，也是网。罔罟，也就是罗网。

② 斲，砍削。耒耜，古代翻土工具。上部曲柄为耒，下部插入土中者为耜。耨，古代锄草的工具。

③ 刳，劈开，也指挖空。剡，削尖。

④ 柝，古代巡夜用的木梆子。

⑤ 弦，用作动词，弦木即弯木而上弦。弧即木弓。

⑥ 封，聚土为坟头。树，指植树。

〔第三章〕是故易者，象也；象也者，像也。彖者，材也①；爻也者，效天下之动者也。是故吉凶生而悔吝著也。

阳卦多阴，阴卦多阳。其故何也？阳卦奇，阴卦耦②。其德行何也？阳一君而二民，君子之道也；阴二君而一民，小人之道也。

《易》曰：“憧憧往来，朋从尔思。”子曰：“天下何思何虑？天下同归而殊途，一致而百虑，天下何思何虑？日往则月来，月往则日来，日月相推而明生焉；寒往则暑来，暑往则寒来，寒暑相推而岁成焉。往者屈也，来者信也，屈信相感而利生焉。尺蠖之屈，以求信也③；龙蛇之蛰，以存身也。精义入神，以致用也；利用安身，以崇德也。过此以往,未之或知也;穷神知化,德之盛也。"

[译]

　　所以易啊,就是象征;象征吗,就是相像。彖吗,就是裁断;爻吗,是仿效天下之变动的呀。由此也就产生了吉和凶,彰明了悔和吝。

　　阳卦中阴爻多,阴卦中阳爻多,这是什么缘故呢? 因为阳卦以奇为主,阴卦以偶为主,它们的品德怎么样呢? 阳卦一个君主两个百姓,是君子之道;阴卦两个君主一个百姓,是小人之道。

　　《易经》说:"来来往往不间断,同伴随了你的愿。"孔子解释说:"天下的人们都如何思索,如何考虑? 天下的事情,归宿完全相同,途径却悬殊差异;目标非常一致,意见则百思百虑,天下人都如何思索,如何考虑? 正如日往则月来,月往则日来,日月交互推移从而生出光明;寒往则暑来,暑往则寒来,寒暑交互推移从而形成年岁。往,就是屈;来,就是伸。一屈一伸相互感召,从而产生利益。尺蠖弯曲它的腰,是为了向前伸展;龙蛇冬天蛰伏,是为了保存生命。人类精细地研求义理,进入神妙的境地,是为了能够运用;便利应用,身命安稳,是为了提高道德境界。除此之外,就是未知的领域。穷尽事物神妙变化的道理,就是最高的德行。"

[注]

　　① 彖,指卦辞。材,与"裁"字相通,即裁度判断的意思。

　　② 奇,指阳卦中阳爻为奇数,如震、坎、艮三卦为阳卦,都是一个阳爻。耦,即奇偶之偶,指阴卦中阳爻为偶数,如巽、离、兑三卦为阴卦,都是两个阳爻。一说,奇偶,指卦爻的画数,如震卦一阳二阴为五画为奇,巽卦一阴二阳为四画为偶。

③ 尺蠖,状如蚕而细小,爬行时屈其腰,使首尾相就,方能前
  进,屈中有伸,所以称为屈伸虫。

〔第四章〕《易》曰:"困于石,据于蒺藜,入于其宫,不
见其妻,凶。"子曰:"非所困而困焉,名必辱;非所据而据
焉,身必危。既辱且危,死期将至,妻其可得见邪?"

《易》曰:"公用射隼于高墉之上①,获之,无不利。"子
曰:"隼者,禽也;弓矢者,器也;射之者,人也。君子藏器于
身,待时而动,何不利之有? 动而不括,是以出而有获,语
成器而动者也。"

子曰:"小人不耻不仁,不畏不义,不见利不劝,不威不
惩。小惩而大诫,此小人之福也。《易》曰:'屦校灭趾,无
咎。'此之谓也。"

"善不积不足以成名,恶不积不足以灭身。小人以小
善为无益而弗为也,以小恶为无伤而弗去也,故恶积而不
可掩,罪大而不可解。《易》曰:'何校灭耳,凶。'"

子曰:"危者,安其位者也;亡者,保其存者也;乱者,有
其治者也。是故君子安而不忘危,存而不忘亡,治而不忘
乱。是以身安而国家可保也。《易》曰:'其亡其亡,系于
苞桑。'"

子曰:"德薄而位尊,知小而谋大,力小而任重,鲜不及
矣!《易》曰:'鼎折足,覆公𫗧,其形渥,凶。'言不胜其
任也。"

子曰:"知几其神乎? 君子上交不谄,下交不渎②,其
知几乎! 几者,动之微,吉之先见者也③。君子见几而作,

不俟终日。《易》曰：'介于石，不终日，贞吉。'介如石焉，宁用终日？断可识矣！君子知微知彰，知柔知刚，万夫之望。"

子曰："颜氏之子，其殆庶几乎！有不善，未尝不知；知之，未尝复行也。《易》曰：'不远复，无祇悔，元吉。'"

"天地纲缊，万物化醇④。男女构精，万物化生。《易》曰：'三人行，则损一人；一人行，则得其友。'言致一也。"

子曰："君子安其身而后动，易其心而后语，定其交而后求：君子修此三者，故全也。危以动，则民不与也⑤；惧以语，则民不应也；无交而求，则民不与也；莫之与，则伤之者至矣。《易》曰：'莫益之，或击之，立心勿恒，凶。'"

[译]

《易经》说："被满地乱石绊倒，手上扎了蒺藜，进到他的屋，不见他的妻，凶。"孔子说："不应当受困的地方而被困，其名誉必然受到侮辱；不适宜依靠的东西而去依靠，其生命必然遭遇危险。既受侮辱，又遇危险，死亡的日期即将来临，怎么可能见到他的妻？"

《易经》说："公爵射那落在高墙上的隼，射中了，没有什么不利的。"孔子解释说："隼，是一种禽鸟；弓矢，是一种器械；发矢射隼的，是人。君子身上预藏器具，等待时机，付诸行动，哪会有什么不利呢？一旦行动，毫无阻碍，所以外出一定有收获。这是讲先备好现成的器械然后再行动的道理。"

孔子说："小人不以不仁为可耻，不以不义为可畏，不见到好处就不愿勤奋，不受到威胁就不知警惕。受到小的惩罚而获得大的警诫，这是小人的幸运。《易经》说：'带上脚枷，砍掉脚趾，不会再出问题了。'讲的就是这个道理。"

　　"不积累善行不足以成名,不积累恶行不足以灭身。小人把小善看成没有益处的事而不去做,把小恶看成无伤大体的事而不改正,所以恶行积累得无法掩盖,罪过扩大到不可挽救。所以《易经》说:'肩上带枷,割去耳朵,凶。'"

　　孔子说:"凡是倾危的,在于安于现状;凡是灭亡的,在于保持已经具有的;凡是祸乱的,在于自以为治理。因此,君子安而不忘危,存而不忘亡,治而不忘乱,所以能够身命安稳、国家可保。《易经》说:'会灭亡吗,会灭亡吗,好像拴在桑树根上一样稳当。'"

　　孔子说:"才德浅薄而地位尊高,智慧狭小而图谋宏大,力量微弱而肩负重任,很少有不招来灾祸的。《周易》说:'鼎脚折断,弄洒了王公的美食,湿漉漉粘乎乎的一片,凶。'就是讲不胜任的情况。"

　　孔子说:"能够知晓变化的苗头,算是达到神妙境界了吧?君子与在上的人交往不谄媚,与在下的人交往不轻慢,可以说是知晓变化的苗头吧。几,就是事物变动的微小征兆,吉凶预先出现的端倪。君子发现变化的苗头就立即行动,决不等待一天完了。《易经》说:'像岩石一样坚定不移,不到一天完了,守贞则吉利。'既然像岩石一样坚定不移,何必要用一天? 这是断然可知的。君子既知微又知彰,既知柔又知刚,必然得到万民的仰望。"

　　孔子说:"颜家的这个孩子(按,颜回),他的道德大概接近完美了吧! 一有过失,没有不自知的;一知过失,没有再重犯的。这就是《易经》所说:'不远就复归,不会导致悔恨,最吉利。'"

　　"天地之气交融渗透,万物化育而醇厚。男女阴阳交合精气,万物化育而创生。《易经》说:'三人同行,会有一人离开;一人独行,会得到朋友。'就是讲归于一的道理。"

孔子说:"君子先安定自己的处境,然后才试图行动;先平心静气,然后才有所谈论;先确定交情,然后才求助于人:君子做到了这三条,就可以得到保全。相反,如果冒险行动,别人就不会赞助;如果内心惶恐而发表议论,别人就不会响应;如果没有友谊就向人求助,人家也不会帮助;不仅无人助益,还会受到他人的伤害。所以《易经》说:'没人增益他,有人抨击他。心中没有操守,凶。'"

[注]

① 隼,鹰。墉,城墙。

② 谄,谄媚。渎,轻慢,不敬。

③ 据高亨校,吉字下当有"凶"字。

④ 纲缊,交密之状,指阴阳二气交融渗透的状态。醇,厚,指气化的过程,凝聚而成物。

⑤ 与,助。下一个"与"字,有人解为"给予",以区别两个"民不与也",也通。但"不给予"也是不帮助的意思,所以此处不细加区分。

[第五章]子曰:"乾、坤,其易之门邪? 乾,阳物也;坤,阴物也。阴阳合德而刚柔有体,以体天地之撰,以通神明之德。其称名也,杂而不越。于稽其类,其衰世之意邪? 夫易,彰往而察来,而微显阐幽①。开而当名,辨物,正言,断辞,则备矣。其称名也小,其取类也大;其旨远,其辞文;其言曲而中,其事肆而隐②。因贰以济民行③,以明失得之报④。"

[译]

孔子说:"乾坤两卦,就是易的门户吧? 乾,是阳类事物;坤,是阴类事物。阴阳的品质互相结合,刚柔又各有自己的实体,用来体现天地产生万物的过程,用来和神明的德行沟通。易所称道的名物,尽管繁杂却不越出乾坤刚柔的变化。考察卦爻辞所表述的事类,或许反映出衰世的意味吧? 这个易,彰明过去并且察考未来,显示细微的苗头而阐明幽隐的道理。开释卦爻名当其实,辨别物类,端正言辞,决断吉凶,就都具备了。它所称道的名称虽小,所类比的事情却很广大;它的意义十分深远,它的文辞非常优美;其言语婉转而贴切,其论事广泛而深刻。它借助人们的疑惑指导百姓的行动,说明得失的缘故和后果。"

[注]

① 而微显阐幽,据高亨《周易大传今注》考证,当作"显微而阐幽"。

② 肆,直白,放肆,可解释为广泛、明显。

③ 贰,疑惑。济,相助,此谓卦爻辞对人们的指导作用。

④ 报,酬答。此引申为酬答的缘由。

〔第六章〕易之兴也,其于中古乎? 作易者,其有忧患乎? 是故履,德之基也;谦,德之柄也;复,德之本也;恒,德之固也;损,德之修也;益,德之裕也;困,德之辨也;井,德之地也;巽,德之制也。履,和而至;谦,尊而光;复,小而辨于物;恒,杂而不厌;损,先难而后易;益,长裕而不设;困,穷而通;井,居其所而迁;巽,称而隐。履以和行;谦以制礼;复以自知;恒以一德;损以远害;益以兴利;困以寡怨;井以辨义;巽以行权。

[译]

易的兴起,大概在中古时代吧? 创作易的人,大概心怀忧患吧？因此，履，是道德的基础；谦，是道德的要领；复，是道德的根本；恒，是道德的巩固；损，是道德的补救；益，是道德的扩充；困，是道德的辨别；井，是道德的根据；巽，是道德的制约。履，使人和顺而达到崇高；谦，使人被尊敬而光荣；复，使人在微小之处能辨别事物；恒，教人在邪正相杂中修德不倦；损，教人先难而后易；益，教人不断增进道德而不造作；困，教人身处困境而达到通顺；井，教人安居其位而施德于人；巽，教人处事得宜而不显露形迹。履用来调和人的行为；谦用来制订礼仪；复用来自知过失；恒用来专守一德；损用来远离祸害；益用来创造福利；困用来减少尤怨；井用来明辨道义；巽用来随时应变。

〔第七章〕《易》之为书也不可远，为道也屡迁①。变动不居，周流六虚②，上下无常，刚柔相易，不可为典要，唯变所适。其出入以度外内③，使知惧，又明于忧患与故。无有师保④，如临父母。初率其辞⑤，而揆其方⑥，既有典常。苟非其人，道不虚行。

《易》之为书也，原始要终以为质也。六爻相杂，唯其时物也。其初难知，其上易知：本末也。初辞拟之，卒成之终。若夫杂物撰德，辨是与非，则非其中爻不备。噫！亦要存亡吉凶，则居可知矣。知者观其彖辞，则思过半矣。

[译]

《易经》这部书，不可远离事物来读它，它给您指出的道要不断变动。变动而不固定，循环流转于六个爻位之间，上下往来没有固定的常规，阳刚阴柔相互变易，不可确立一个常定不变的纲要，只能顺应变化的趋势。它出入往来，以度量外卦和内卦的吉凶祸福，使人知道有所警惕，又能明白忧患与忧患的原因。虽然没有师傅的教导和监护,也好像面临父母的教诲一样。首先要寻求卦爻辞的意义,然后揆度它所指示的方法,就可以把握事物变化的常规。假如没有适合的人,《易经》之道也无法凭空推行。

《易经》这部书,把考察开始、探求终结作为自己的本质。六个爻位相互错杂,只是体现特定时态中的物象。初爻的象征难以知晓,上爻的象征容易把握:这是因为前者为本始,后者为末尾的缘故。初爻的爻辞比拟事物的开端,上爻的爻辞确定事物的结局。至于错杂各种物象,具列事物的品质,分辨它们的是非,假如没有中间四爻就不能完备。是啊! 这样要求得存亡吉凶,也就明白可知了。聪明睿智的人只要一看卦辞,对全卦的意思就领悟一大半了。

[注]

① 道,此处指给人指示的行为法则。

② 六虚,指某卦的六爻之位。

③ 外,指外卦,即一卦的上卦;内,指内卦,即一卦的下卦。一说本卦为内,变卦为外,也通。

④ 师保,古代负责教导贵族子弟的师傅或监护人。

⑤ 率,顺着。

⑥ 揆,推测揣度。

〔第八章〕二与四同功而异位,其善不同:二多誉,四多惧,近也。柔之为道,不利远者;其要无咎,其用柔中也。三与五同功而异位:三多凶,五多功,贵贱之等也。其柔危,其刚胜邪?

《易》之为书也,广大悉备:有天道焉,有人道焉,有地道焉。兼三才而两之，故六。六者，非它也，三才之道也。道有变动，故曰爻①；爻有等，故曰物②；物相杂，故曰文；文不当，故吉凶生焉。

《易》之兴也，其当殷之末世，周之盛德邪？当文王与纣之事邪？是故其辞危。危者使平，易者使倾；其道甚大，百物不废。惧以终始，其要无咎③，此之谓《易》之道也。

[译]

　　二爻和四爻功能相同而位置有异，它们所表现的吉凶利害也不相同：二爻爻辞多有赞誉，四爻爻辞多含警惕，因为它靠近君位。阴柔的道理，不利于在远处的；然而二爻大多数无咎，是由于它柔顺而守中。三爻和五爻功能相同而位置有异：三爻爻辞多凶险，五爻爻辞多功勋，是因为它们贵贱等级不同。阴柔居此便有危险，阳刚居此就能胜任吧？

　　《易经》这部书，内容广大，无所不包：有天道，有人道，有地道。兼有天地人"三才"而各以两爻代表，所以一卦有六爻。六爻，不是别的，就是天地人三才之道。道有变动，所以称为爻；爻有贵贱差等，所以称为物；物象交互错杂，所以叫做文；文有恰当有不恰当，所以吉凶就产生了。

　　《易经》的兴起，大概是在殷朝末年，周国德业隆盛的时期吧？大概是在文王受到纣王迫害的时候吧？所以卦爻辞多有忧危之义。警惕自危可以使人平安，掉以轻心可能导致倾覆败亡；这个道理十分弘大，任何事物都不例外。始终保持警惧，其要旨在善于补过，这就是《易经》给人们指出的处事之道啊。

[注]

① 爻的特点在于上下往来，刚柔变易，以此效法天地之道的变动，所以圣人设卦之时，称此为爻。

② 六爻在一卦之中区分阴阳贵贱之位，也即划分为不同的类别，像事物区分为不同的种类一样，所以卦中六爻也可以视作物。

③ 据《系辞上传》所说，无咎就是讲善于补过。

〔第九章〕夫乾，天下之至健也，德行恒易以知险；夫坤，天下之至顺也，德行恒简以知阻。能说诸心，能研诸侯之虑①，定天下之吉凶，成天下之亹亹者②。是故变化云为，吉事有祥；象事知器，占事知来。天地设位，圣人成能。人谋鬼谋③，百姓与能。八卦以象告，爻象以情言。刚柔杂居，而吉凶可见矣。变动以利言，吉凶以情迁。是故爱恶相攻而吉凶生④，远近相取而悔吝生⑤，情伪相感而利害生⑥。凡易之情，近而不相得则凶⑦。或害之⑧，悔且吝。将叛者，其辞惭；中心疑者，其辞枝；吉人之辞寡，躁人之辞多；诬善之人，其辞游；失其守者，其辞屈。

[译]

这个乾，是天下最刚健的象征，它的德行是永久平易，却告人以险难之事；这个坤，是天下最柔顺的象征，它的德行是永久简约，却告人以阻塞之事。因此，能悦人之心，能解人之虑，断定天下的吉凶，促使天下之人勤勉不息。所以，遵循《易经》的变化之道有所作为，吉祥的事物就会出现；观察卦爻的象征，就能知晓制器的方法；占问事情的吉凶，就能预知未来的结果。天地各居上下之位，圣人成就其化育万物的功能。圣人谋划，利用卜筮，百姓赞助他们的行动。八卦用卦画形象告示，卦爻辞把事物的状况变成言语。刚柔二爻杂居于一卦之中，或吉或凶也就显现出来了。爻象的变动用利害来说明，吉凶的判断随情况而变迁。所以或相爱或相恶彼此排斥,或吉利或凶险就由此发生;或远应或临近相互取舍,或悔恨或羞辱就由此发生;或诚实或虚伪相互感应,或有利或有害就由此发生。凡是易所说的情况,相互接近却不相友好就必定凶险。或者受到伤害,也难免悔恨和羞辱。将要背叛的人,他的言语惭愧不安;内心疑惑的人,他的言语分歧散乱;吉祥的人言语少,浮躁的人话语多;诬蔑好人的人,他的言语游移不定;失去操守的人,他的言语吞吞吐吐。

[**注**]

① 朱熹《周易本义》认为,"侯之"二字是后人误加的。

② 亹亹,勉勉,即勤勉不息之意。

③ 人谋鬼谋,按王夫之《周易内传》所说,将四十九根蓍草依一定的程序四营十八变,求得卦象,这是人谋;任意分而为二,多少出于无心,最后求得什么卦象,也非人力所能安排,属于鬼谋。

④ 爱恶,指刚柔爻象相互配合或相互敌对。相攻,即相互排斥。

⑤ 远,指上下卦爻位相互对应。近,指爻位相临近。相取,即互相资取。如果取舍不当,如刚柔不相应,或柔爻乘骑刚爻,则生悔吝。

⑥ 情伪即诚伪,表示刚柔的对立。

⑦ 此句是对前三句的概括说明,所以此"近"字不仅指临近,凡有相比相应关系可以相互交接的两爻,都可以算作近。不相得,互相不友好、不佩服,甚至互相敌视。

⑧ 或害之,指爻象之间虽然配合得当,本应吉利,但由于其它爻象加以干涉,仍有悔恨。

《说卦传》今译

昔者圣人之作易也,幽赞于神明而生蓍,参天两地而倚数,观变于阴阳而立卦,发挥于刚柔而生爻,和顺于道德而理于义,穷理尽性以至于命。

昔者圣人之作易也,将以顺性命之理。是以立天之道,曰阴与阳;立地之道,曰柔与刚;立人之道,曰仁与义。兼三才而两之,故易六画而成卦;分阴分阳,迭用柔刚,故易六位而成章。

天地定位,山泽通气,雷风相薄,水火不相射,八卦相错。数往者顺,知来者逆,是故易,逆数也。

[译]

古代圣人创作《易经》的时候,为协助冥冥之中的神明而使用蓍草,以奇为天以偶为地用数进行推演,观察了阴阳的变化而建立了卦象,发挥刚强和柔弱的意义确定了爻位,用道德来和睦顺从而用义加以治理,穷究物理尽知人性直到通晓天命。

古代圣人创作《易经》的时候,意在顺应人性天命的道理。所以用阴与阳建立了天道,用柔与刚建立了地道,用仁与义建立了人道。包括了天地人三才并且各分为二,所以《易经》六画成为一卦。分成了阴,分成了阳,交替地运用柔和刚,所以《易经》六个爻位成就纹理华章。

天地位置确定,山泽气息相通,雷风互相搏击,水火不互相冲腾,八卦相互错综。回顾以往是顺述,预告未来是逆推,所以《易经》是逆推未来的啊。

　　雷以动之，风以散之，雨以润之，日以烜之，艮以止之，兑以说之，乾以君之，坤以藏之。

[译]

　　雷用来发动，风用来驱散，雨用来滋润，日用来温暖，艮用来阻止，兑用来欢悦，乾用来主宰，坤用来收藏。

[注]

　　乾以君之，四库本认为，应为"乾以居之"。

　　帝出乎震，齐乎巽，相见乎离，致役乎坤，说言乎兑，战乎乾，劳乎坎，成言乎艮。万物出乎震，震，东方也。齐乎巽，巽，东南也。

[译]

　　上帝出于震地，洁斋于巽，相见于离，争取奉养而辛苦于坤，欢言于兑，争战于乾，勤劳于坎，有所成就则在于艮。万物都从震生出，震，位于东方。洁斋于巽，巽，位于东南。

　　齐也者，言万物之絜齐也。离也者，明也，万物皆相见，南方之卦也；圣人南面而听天下，向明而治，盖取诸此也。坤也者，地也，万物皆致养焉，故曰"致役乎坤"。兑，正秋也，万物之所说也，故曰"说言乎兑"。"战乎乾"，乾，西北之卦也，言阴阳相薄也。坎者，水也，正北方之卦也；劳卦也，万物之所归也，故曰"劳乎坎"。艮，东北之卦也，万物之所成终而所成始也，故曰"成言乎艮"。

[译]

　　斋吗，说的是万物洁净斋戒。离吗，明的象征，万物都相见，这是标志南方的卦；圣人面对南方听取臣子们的奏议，向着光明进行治理，采取的就是这样的意义。坤吗，大地的象征，万物都要向大地争取奉养，所以说"争取奉养而辛苦于坤"。兑，标志着正是秋天，万物都欢悦的季节，所以说"欢言于兑"。"争战于乾"，乾，标志西北的卦，说的是阴阳互相搏击。坎，水的象征，正北方的卦；勤劳的卦，万物所归向的地方，所以说"勤劳于坎"。艮，标志东北的卦，这是万物终结也是万物开始的地方，所以说"有所成就则在于艮"。

神也者，妙万物而为言者也。动万物者莫疾乎雷，桡万物者莫疾乎风，燥万物者莫熯乎火，说万物者莫说乎泽，润万物者莫润乎水，终万物始万物者莫盛乎艮。故水火相逮，雷风不相悖，山泽通气，然后能变化，既成万物也。

[译]

神吗，指的是那能使万物奇妙的东西。发动万物的没有比雷更厉害的，屈折万物的没有比风更厉害的，干燥万物的都比不上火的灼热，欢悦万物的都比不过池泽的可乐，滋润万物的都比不上水的滋润，使万物终结使万物开始的都比不上艮的强盛。所以水与火互相接触，雷与风不相违背，山泽气息相通，然后能够发生变化，成就万物。

乾，健也；坤，顺也；震，动也；巽，入也；坎，陷也；离，丽也；艮，止也；兑，说也。

[译]

乾，就是刚健；坤，就是温顺；震，就是震动；巽，就是进入；坎，就是陷落；离，就是附丽；艮，就是停止；兑，就是欢悦。

乾为马,坤为牛,震为龙,巽为鸡,坎为豕,离为雉,艮为狗,兑为羊。

[译]

乾象征马,坤象征牛,震象征龙,巽象征鸡,坎象征猪,离象征雉,艮象征狗,兑象征羊。

[注]

艮为狗,四库本认为,应为"艮为拘"。

乾为首,坤为腹,震为足,巽为股,坎为耳,离为目,艮为手,兑为口。

[译]

乾象征首,坤象征腹,震象征足,巽象征股,坎象征耳,离象征目,艮象征手,兑象征口。

乾,天也,故称乎父;坤,地也,故称乎母。震一索而得男,故谓之长男;巽一索而得女,故谓之长女;坎再索而得男,故谓之中男;离再索而得女,故谓之中女;艮三索而得男,故谓之少男;兑三索而得女,故谓之少女。

[译]

乾就是天,所以称为父;坤就是地,所以称为母。震,是(乾坤)第一次追求而得到的男孩,所以称为长男。巽,是第一次追求而得到的女孩,所以称为长女。坎,是再一次追求得到的男孩,所以称为中男。离,是再一次追求而得到的女孩,所以称为中女。艮,是第三次追求而得到的男孩,所以称为少男。兑,是第三次追求而得到的女孩,所以称为少女。

乾为天，为圜，为君，为父，为玉，为金，为寒，为冰，为大赤，为良马，为老马，为瘠马，为驳马，为木果。

[译]

乾，象征天，象征圆，象征君，象征父，象征玉，象征金，象征寒，象征冰，象征大红色，象征良马，象征老马，象征瘦马，象征花马，象征木果。

坤为地，为母，为布，为釜，为吝啬，为均，为子母牛，为大舆，为文，为众，为柄。其于地也为黑。

[译]

坤象征地，象征母，象征布，象征饭锅，象征吝啬，象征均衡，象征怀孕母牛，象征大车，象征文化，象征众人，象征把手。对于地则象征黑色。

震为雷，为龙，为玄黄，为敷，为大涂，为长子，为决躁，为苍筤竹，为萑苇。其于马也为善鸣，为馵足，为作足，为的颡。其于稼也为反生。其究为健，为蕃鲜。

[译]

震象征雷，象征龙，象征暗黄色，象征花朵，象征大路，象征长子，象征急躁，象征苍筤竹，象征萑苇。对于马象征善于鸣叫，象征后足为白，象征足力强健，象征白额。对于庄稼象征顶壳幼芽。它终究是象征茂盛，象征鲜嫩。

巽为木，为风，为长女，为绳直，为工，为白，为长，为高，为进退，为不果，为臭。其于人也为寡发，为广颡，为多白眼，为近利市三倍。其究为躁卦。

[译]

　　巽象征木，象征风，象征长女，象征木工划线，象征工匠，象征白色，象征长，象征高，象征进退，象征不果断，象征气味。对于人象征头发稀疏，象征额头宽，象征眼白多，象征近于三倍的商业利润。它终究是象征浮躁的卦。

　　坎为水，为沟渎，为隐伏，为矫𫐐，为弓轮。其于人也为加忧，为心病，为耳痛，为血卦，为赤。其于马也为美脊，为亟心，为下首，为薄蹄，为曳。其于舆也为多眚。为通，为月，为盗。其于木也为坚多心。

[译]

　　坎象征水，象征沟渎，象征隐蔽伏藏，象征矫直揉曲，象征弓和车轮。对于人象征着加倍忧愁，象征心病，象征耳痛，是象征血的卦，象征红色。对于马象征着脊背优美，象征性急，象征低头，象征薄蹄，象征拖曳。对于车来说象征多事故。象征通畅，象征月亮，象征盗贼。对于木材象征坚硬、丛生多心。

　　离为火，为日，为电，为中女，为甲胄，为戈兵。其于人也为大腹。为干卦。为鳖，为蟹，为蠃，为蚌，为龟。其于木也为科上槁。

[译]

　　离象征火，象征太阳，象征雷电，象征中女，象征甲胄，象征戈矛武器。对于人象征大肚子。是象征干燥的卦。象征甲鱼，象征螃蟹，象征螺，象征蚌，象征龟。对于木材象征树上枯枝。

　　艮为山，为径路，为小石，为门阙，为果蓏，为阍寺，为指，为狗，为鼠，为黔喙之属。其于木也为坚多节。

[译]

艮象征山，象征小路，象征小石头，象征门阙，象征草木果实，象征阍者，象征手指，象征狗，象征鼠，象征黑嘴巴之类。对于木材象征坚硬多节。

兑为泽，为少女，为巫，为口舌，为毁折，为附决。其于地也为刚卤。为妾，为羊。

[译]

兑象征沼泽，象征少女，象征巫，象征流言飞语，象征毁坏和折断，象征依附他人做决断。对于土地象征坚硬的盐碱地。象征妾，象征羊。

《序卦传》今译

有天地，然后万物生焉。盈天地之间者唯万物，故受之以屯；屯者盈也，屯者物之始生也。物生必蒙，故受之以蒙；蒙者蒙也，物之稚也。物稚不可不养也，故受之以需；需者饮食之道也。饮食必有讼，故受之以讼。讼必有众起，故受之以师；师者众也。

[译]

有了天地，然后万物发生。充满天地之间的都是万物，所以接续的是屯。屯，就是充满的意思。屯，就是物的开始发生。物开始发生必然蒙昧，所以接续的是蒙。蒙，就是蒙昧，是物的幼稚。幼稚不能不加养育，所以由需接续。需，是获得饮食的手段。饮食就一定会有争执，所以由讼接续。讼一定有众人参加，所以由师接续。师，就是众多的意思。

　　众必有所比，故受之以比；比者比也，比必有所畜，故受之以小畜。物畜然后有礼，故受之以履。履而泰然后安，故受之以泰，泰者通也。物不可以终通，故受之以否。物不可以终否，故受之以同人。与人同者，物必归焉，故受之以大有。

[译]

　　人众多必定会拉帮结伙，所以由比接续。比，就是朋比结党。比，一定要有所积蓄，所以由小畜接续。物有所积蓄然后会有礼仪，所以由履接续。履行通畅然后安宁，所以由泰接续。泰就是通畅。事物不可能总是通畅，所以由否接续。事物不可能总是阻塞，所以由同人接续。和人相同的，众人必然拥护，所以由大有接续。

　　有大者，不可以盈，故受之以谦。有大而能谦必豫，故受之以豫。豫必有随，故受之以随。以喜随人者必有事，故受之以蛊；蛊者事也。有事而后可大，故受之以临；临者大也。物大然后可观，故受之以观。可观而后有所合，故受之以噬嗑；嗑者合也。

[译]

　　拥有而且丰富，不可以充满，所以由谦来接续。拥有丰富又能谦让必然安逸喜悦，所以由豫接续。安逸喜悦一定要有后继，所以由随接续。因为喜悦安逸而追随他人就一定要做事，所以由蛊接续。蛊，就是有事要做。有事做然后可以壮大，所以由临接续。临，就是大。事物壮大然后可供观赏，所以由观接续。可以观赏然后会有所相合，所以由噬嗑接续。嗑，就是相合。

物不可以苟合而已，故受之以贲；贲者饰也。致饰然后亨则尽矣，故受之以剥；剥者剥也。物不可以终尽，剥穷上反下，故受之以复。复则不妄矣，故受之以无妄。有无妄然后可畜，故受之以大畜。物畜然后可养，故受之以颐；颐者养也。

[译]

事物不可以随随便便的合作，所以由贲接续。贲，就是装饰。从事装饰然后亨通就到了尽头，所以由剥接续。剥，就是剥落。事物也不可能总是处于尽头，剥落完上头就到了下头，所以由复接续。复就是不虚妄，所以由无妄接续。有了不虚妄然后可以积蓄，所以由大畜接续。事物积蓄之后可以保养，所以由颐接续。颐，就是保养。

不养则不可动，故受之以大过。物不可以终过，故受之以坎；坎者陷也。陷必有所丽，故受之以离；离者丽也。

[译]

不保养就不可以行动，所以由大过接续。事物不可以总是通过，所以由坎接续。坎，就是陷落。陷落必定有所附着，所以由离接续。离，就是附着。

有天地，然后有万物；有万物，然后有男女；有男女，然后有夫妇；有夫妇，然后有父子；有父子，然后有君臣；有君臣，然后有上下；有上下，然后礼义有所错。夫妇之道不可以不久也，故受之以恒；恒者久也。

[译]

有了天地，然后有万物。有了万物，然后有男女。有了男女，然后有夫妇。有了夫妇，然后有父子。有了父子，然后有君臣。有了君臣，然后有上级下级。有了上级下级，然后礼仪就可以操作。做夫妇的道理是不可以不长久的，所以由恒接续。恒，就是长久。

物不可以久居其所，故受之以遁；遁者退也。物不可以终遁，故受之以大壮。物不可以终壮，故受之以晋；晋者进也。进必有所伤，故受之以明夷；夷者伤也。伤于外者必反其家，故受之以家人。家道穷必乖，故受之以睽；睽者乖也。

[译]

事物不可以长久地居住在自己的处所，所以由遁接续。遁，就是退却。事物不会总是退却，所以由大壮接续。事物不可能总是强壮，所以由晋接续。晋，就是前进。前进一定会受伤害，所以由明夷接续。夷，就是受伤。在外面受了伤就一定要返回自己的家，所以由家人接续。家庭关系处理不好一定会离心离德，所以由睽接续。睽，就是翻脸。

乖必有难，故受之以蹇；蹇者难也。物不可以终难，故受之以解；解者缓也。缓必有所失，故受之以损。损而不已必益，故受之以益。益而不已必决，故受之以夬。夬者决也。决必有所遇，故受之以姤；姤者遇也。物相遇而后聚，故受之以萃；萃者聚也。

[译]

离心离德必定会有灾难，所以由蹇接续。蹇，就是艰难。事物不可能总是艰难，所以由解接续。解，就是缓解。缓解一定会有损失，所以由损接续。损减而不停止必然得益，所以由益接续。增益而不停止必然溃决，所以由夬接续。夬，就是溃决。溃决必然会有所遭遇，所以由姤接续。姤，就是遭遇。事物相遇然后就会聚集，所以由萃接续。萃，就是积聚。

聚而上者谓之升，故受之以升。升而不已必困，故受之以困。困乎上者必反下，故受之以井。井道不可不革，故受之以革。革物者莫若鼎，故受之以鼎。主器者莫若长子，故受之以震；震者动也。物不可以终动，止之，故受之以艮；艮者止也。

[译]

堆集向上就是升，所以由升接续。上升而不停止必然窘困，所以由困接续。在上窘困必然返回下面，所以由井接续。井的道理是不可以不变革，所以由革接续。变革事物的都不如鼎，所以由鼎接续。主持大计的都不如长子，所以由震接续。震，就是震动。事物不可能总是震动，阻止它，所以由艮接续。艮，就是停止。

物不可以终止，故受之以渐；渐者进也。进必有所归，故受之以归妹。得其所归者必大，故受之以丰；丰者大也。穷大者必失其居，故受之以旅。旅而无所容，故受之以巽；巽者入也。入而后说之，故受之以兑；兑者说也。

[译]

事物不可能总是停止，所以由渐接续。渐，就是向前。向前必然有所归宿，所以由归妹接续。得到自己归宿必然盛大，所以由丰接续。丰,就是盛大。大到极点必然丧失处所,所以由旅接续。旅行而无处容身,所以由巽接续。巽,就是进入。进入以后就喜悦,所以由兑接续。兑,就是喜悦。

说而后散之,故受之以涣;涣者离也。物不可以终离,故受之以节。节而信之,故受之以中孚。有其信者必行之,故受之以小过。有过物者必济,故受之以既济。物不可穷也,故受之以未济终焉。

[译]

喜悦以后就会解散,所以由涣接续。涣就是分离。事物不可能总是分离,所以由节接续。节制并且保守信用,所以由中孚接续。有信用的必然实行,所以由小过接续。有过人之处者必然获得成功,所以由既济接续。事物不可能穷尽,所以接续到未济而终结。

《杂卦传》今译

乾刚坤柔,比乐师忧;临观之义,或与或求。屯见而不失其居,蒙杂而著。

[译]

乾卦刚强坤卦温柔,比卦快乐师卦忧愁。临卦观卦的意思,一是交好一是追求。屯卦出现而不失去居所,蒙卦幼稚而显著。

[注]

蒙杂,四库本认为,应作"蒙稚"。

震,起也;艮,止也。损、益,盛衰之始也。大畜,时也;

无妄,灾也。萃聚而升不来也,谦轻而豫怠也。噬嗑,食也;贲,无色也。兑见而巽伏也。随,无故也;蛊,则饬也。

[译]

震,是兴起。艮,是停止。损和益,是盛衰的开始。大畜,要有时机。无妄,说的是灾难。萃卦集聚而升卦是不来,谦卦轻松而豫卦懈怠。噬嗑,是饮食。贲卦,没有颜色。兑是显现而巽是伏藏。随,没有原因。蛊,则是修饬。

剥,烂也;复,反也。晋,昼也;明夷,诛也。井通而困相遇也。咸,速也;恒,久也。涣,离也;节,止也。解,缓也;蹇,难也。

[译]

剥,是腐烂。复,是返回。晋,是白天。明夷,是诛杀。井是相通而困是相遇。咸,是迅速。恒,是持久。涣,是分离。节,是休止。解,是缓解。蹇,是困难。

睽,外也;家人,内也。否、泰,反其类也。大壮则止,遁则退也。大有,众也;同人,亲也。革,去故也;鼎,取新也。小过,过也;中孚,信也。

[译]

睽,是外部。家人,是内部。否、泰,是相反的两类事。大壮就要停止,遁就是退却。大有,是众人。同人,是亲爱。革,是去除故物。鼎,是接受新事。小过,是超过。中孚,是诚信。

丰,多故也;亲寡,旅也。离上而坎下也。小畜,寡也;履,不处也。需,不进也;讼,不亲也。大过,颠也。

[译]

丰，是多灾多难。亲属寡少，是旅。离在下而坎在下。小畜，是寡少。履，是不安于位。需，是不再前进。讼，是不亲爱。大过，是过错的顶端。

姤，遇也，柔遇刚也。渐，女归待男行也。颐，养正也；既济，定也。归妹，女之终也；未济，男之穷也。夬，决也，刚决柔也；君子道长，小人道忧也。

[译]

姤，是相遇，柔弱遇到了刚强。渐，女子归来等待男子出行。颐，是保养正气。既济，是安定。归妹，是女子的最终归宿。未济，是男子的穷途末路。夬，是处决，刚强处决柔弱。君子之道增长，小人之道忧愁啊。

再版后记

　　本书原由湖南教育出版社于 2004 年出版，再版时由李申进行修订，并参考《四库全书》本订正了一些文字，根据任继愈先生在世时的建议改正了《译者说明》和译文中的一些不准确处。

　　本书的撰写，源于东方国际易学研究院院长朱伯崑先生的设想。书成以后，朱先生慨然赐序，任继愈先生亲切题签。如今斯人已逝，愿借再版之际表达深切怀念与敬仰之情。

李申　　2015.11.22